Arbeitsrechtliche Fragestellungen bei der Ein- und Durchführung der Scrum-Methode als Beispiel agiler Arbeitsmethoden

Schriften zum deutschen und europäischen Arbeitsrecht

Herausgegeben von Frank Bayreuther

Band 20

PETER LANG

Susanna Stöckert

Arbeitsrechtliche Fragestellungen bei der Ein- und Durchführung der Scrum-Methode als Beispiel agiler Arbeitsmethoden

PETER LANG

Bibliografische Information der Deutschen Nationalbibliothek
Die Deutsche Nationalbibliothek verzeichnet diese Publikation in der Deutschen Nationalbibliografie; detaillierte bibliografische Daten sind im Internet über http://dnb.d-nb.de abrufbar.

Zugl.: Passau, Univ., Diss., 2020.

D 739
ISSN 1865-634X
ISBN 978-3-631-84150-1 (Print)
E-ISBN 978-3-631-84562-2 (E-PDF)
E-ISBN 978-3-631-84563-9 (EPUB)
E-ISBN 978-3-631-84564-6 (MOBI)
DOI 10.3726/ b17968

Peter Lang – Berlin · Bern · Bruxelles · New York · Oxford · Warszawa · Wien

Diese Publikation wurde begutachtet.

www.peterlang.com

Meinen Eltern

Vorwort

Die Arbeit wurde im Sommersemester 2020/2021 von der Juristischen Fakultät der Universität Passau als Dissertation angenommen. Sie befindet sich im Wesentlichen auf dem Stand ihrer Abgabe im Juli 2020, hat jedoch summarische Aktualisierungen bis einschließlich September 2020 erfahren.

Durch Gespräche mit Vertretern verschiedener Unternehmen sowohl der Software-, als auch Telekommunikations- und Logistikbranche bin ich darauf aufmerksam geworden, dass zuletzt vermehrt auf den Einsatz agiler Arbeitsmethoden gesetzt wird. Die damit zusammenhängenden arbeitsrechtlichen Probleme stellen die Unternehmen vor neue Herausforderungen – gerade im Bereich des Betriebsverfassungsrechts, das auch den Schwerpunkt dieser Arbeit darstellt.

Mit dem Abschluss dieses „Projekts“ endet meine Zeit als wissenschaftliche Mitarbeiterin an der Universität Passau. So sehr ich mich auf den nächsten Schritt in beruflicher Hinsicht freue, geht damit leider auch ein Abschied von all den Personen einher, die mich in Passau begleitet, unterstützt und gefördert haben.

Mein besonderer Dank gilt meinem Doktorvater Professor Dr. Frank Bayreuther für die Möglichkeit dieses Thema im Rahmen der Dissertation verfolgen zu können sowie für die umfassende Betreuung mit wertvollen Anregungen und konstruktiver Kritik und die Unterstützung bei der zeitnahen Fertigstellung. Professor Dr. Rainer Sieg danke ich herzlich für die anregenden Gespräche, insbesondere zu seiner Sicht aus der Praxis, sowie die äußerst zügige Erstellung des Zweitgutachtens.

Ein weiterer ganz persönlicher Dank geht an meine Kolleginnen und Kollegen an der Universität Passau, die mich herzlich in der Dreiflüssestadt aufgenommen und dafür gesorgt haben, dass ich die Zeit in Passau in bester Erinnerung behalten werde.

Letztlich wäre das alles jedoch nicht möglich gewesen ohne meine Familie und insbesondere den Rückhalt meiner Eltern, denen ich diese Arbeit widme, da sie mich stets bei meinen Vorhaben bedingungslos unterstützen und mich bestärken, meine Ziele in die Tat umzusetzen.

Inhaltsverzeichnis

Vorwort 7

Inhaltsverzeichnis 9

Abkürzungsverzeichnis 17

Einführung 19

1 Kapitel: Die Scrum-Methode und ihre praktische Umsetzung 23

A. Die Scrum-Methode als Beispiel agiler Arbeitsmethoden 23
I. Ablauf eines Scrum-Prozesses 23
II. Rollenverteilung 24

B. Die praktische Umsetzung der Scrum-Methode 25
I. Unternehmensübergreifende Anwendung der Scrum-Methode .. 26
II. Unternehmensinterne Anwendung der Scrum-Methode 28

C. Ergebnis des ersten Kapitels 29

2 Kapitel : Auswirkungen der Ein- und Durchführung der Scrum-Methode auf das arbeitsrechtliche Weisungsrecht 31

A. Veränderung im Hinblick auf die Ausübung des arbeitsrechtlichen Weisungsrechts 31
I. Fachliches und disziplinarisches Weisungsrecht 31
II. Vorübergehender „Verzicht" auf die Ausübung des fachlichen Weisungsrechts 32
1. Begriff des Verzichts und dessen rechtliche Auswirkungen 32
2. Delegation des fachlichen Weisungsrechts 33

3. Leistungsbestimmung durch mehrere Dritte gemäß § 317 Abs. 2 BGB ... 34
4. Bloße Nichtausübung des fachlichen Weisungsrechts ... 35
5. Zusammenfassung ... 36
III. Auswirkungen des „Verzichts" auf das fachliche Weisungsrecht für das disziplinarische Weisungsrecht ... 37
1. Allgemeine Auswirkungen ... 37
2. (Alternative) Kontrollmöglichkeiten des Arbeitgebers ... 37
B. Zuweisung von Arbeitnehmern kraft Weisungsrecht ... 39
I. Zuweisung von Arbeitnehmern ohne Führungsverantwortung . 40
II. Zuweisung von Arbeitnehmern mit Führungsverantwortung 43
C. Ergebnis des zweiten Kapitels ... 44

3 Kapitel: Unternehmensübergreifender Einsatz von Arbeitnehmern: Abgrenzung zur (verdeckten) Arbeitnehmerüberlassung und Scheinselbständigkeit ... 47
A. Vertragliche Grundlagen agiler Zusammenarbeit ... 47
I. Vertragsbeziehungen im Fall der unternehmensübergreifenden Zusammenarbeit ... 47
1. Verhältnis der beteiligten Unternehmen zueinander ... 47
a. Zusammenarbeit auf gesellschaftsrechtlicher Grundlage . 47
b. Zusammenarbeit auf werk- oder dienstvertraglicher Grundlage ... 50
aa. Werkvertragliche Grundlage ... 51
(1) Abgrenzung vom Dienstvertrag aufgrund des Leistungsgegenstands ... 52
(2) Weitere Abgrenzungskriterien ... 53
bb. Dienstvertragliche Grundlage ... 56
c. Praktische Gestaltungsmöglichkeiten ... 57
2. Vertragsbeziehungen im Verhältnis Unternehmen zu Entwicklungsteam ... 58
II. Zusammenfassung ... 58
B. Verdeckte Arbeitnehmerüberlassung ... 59

I. Arbeitnehmerüberlassungsverträge als Mittel der Wahl? 59
1. Bereichsausnahmen 60
a. Generelle Bereichsausnahme im Rahmen der AÜG-Reform 2017 60
b. Bereichsausnahme nach § 1 Abs. 3 AÜG 61
c. Privilegierung von Arbeitsgemeinschaften, § 1 Abs. 1a AÜG 62
2. Zusammenfassung 63
II. Gefahrenpotential unternehmensübergreifend zusammengesetzter Entwicklungsteams 63
1. Weisungsgebundenheit 64
2. Eingliederung 64
3. Praktische Gestaltungsmöglichkeiten zur Risikominimierung . 65
C. Scheinselbständigkeit 66
D. Ergebnis des dritten Kapitels 67

4 Kapitel: Betriebsverfassungsrechtliche Fragen bei der Ein- und Durchführung der Scrum-Methode 69

A. Anwendbarkeit des BetrVG in agilen Organisationen 69
I. Organisationseinheiten im Sinne des BetrVG 69
1. Betrieb als Ausgangspunkt – bedarf es eines Updates des Betriebsbegriffs? 69
2. Keine Entstehung neuer Organisationseinheiten in Form der Scrum-Teams 71
a. Eigenständige Betriebe (§ 1 Abs. 1 S. 1 BetrVG) 72
b. (Qualifizierte) Betriebsteile (§ 4 Abs. 1 BetrVG) 72
c. Gemeinsame Betriebe (§ 1 Abs. 1 S. 1, Abs. 2 BetrVG) 73
d. Zusammenfassung 75
3. Anpassung der betriebsverfassungsrechtlichen Organisation auf Grundlage des § 3 BetrVG 75
a. Bildung eines Spartenbetriebsrats (§ 3 Abs. 1 Nr. 2 BetrVG) 76

b. Bildung eines unternehmenseinheitlichen Betriebsrats oder Zusammenfassung von Betrieben (§ 3 Abs. 1 Nr. 1 BetrVG) bzw. andere Arbeitnehmervertretungsstrukturen (§ 3 Abs. 1 Nr. 3 BetrVG) 78
c. Probleme in der praktischen Umsetzung 79
4. Zusammenfassung 79
II. Betriebsverfassungsrechtliche Zuordnung 80
1. Arbeitnehmereigenschaft 80
a. Begriff des Arbeitnehmers im Sinne des § 5 Abs. 1 BetrVG 80
b. Sonderfall: Scrum Master als leitender Angestellter im Sinne des § 5 Abs. 3 BetrVG 82
2. Betriebszugehörigkeit 83
a. Eingliederungsbegriff als Grundlage 84
b. Allgemeine Bestimmung der Betriebszugehörigkeit unter Zugrundelegung des Eingliederungsbegriffs 86
c. Betriebszugehörigkeit im Entwicklungsteam 87
aa. Betriebszugehörigkeit in unternehmensintern eingesetzten Entwicklungsteams 87
bb. Betriebszugehörigkeit in unternehmensübergreifend eingesetzten Entwicklungsteams 88
(1) Ausführungen zur Betriebszugehörigkeit im Fall des drittbezogenen Personaleinsatzes am Beispiel der Arbeitnehmerüberlassung - § 14 AÜG 89
(2) Übertragung der Grundsätze auf die Zusammenarbeit in den Entwicklungsteams 90
(a) In Betracht kommende Mitbestimmungstatbestände 91
(b) Analoge Anwendung 93
cc. Zusammenfassung 95
3. Zusammenfassung 95
B. Zuständigkeiten in agilen Organisationen 96

I. Zuständigkeit der betriebsverfassungsrechtlichen Organe 96
1. Abgrenzung der Zuständigkeit des Betriebsrats gegenüber dem Gesamt- und Konzernbetriebsrat 96
2. Auswirkungen der gesetzlichen Zuständigkeitsregelungen in agilen Organisationen 99
II. Möglichkeit der Delegation von Aufgaben auf die Entwicklungsteams nach § 28a BetrVG 102
1. Voraussetzungen einer Delegation nach § 28a BetrVG 103
a. Arbeitsgruppe 103
aa. Gruppenarbeit als besondere Form der Arbeitsorganisation 103
(1) Projektgruppen 104
(2) Teilautonome Gruppen 104
(3) Einordnung der Entwicklungsteams 105
bb. Anforderungen an die Arbeitsgruppe im Sinne des § 28a BetrVG 106
b. Übrige Voraussetzungen einer Delegation 107
2. Vor- und Nachteile der Delegation sowie deren Praktikabilität 107
III. Zusammenfassung 109
C. Beteiligungsrechte in agilen Organisationen 109
I. Allgemeine Informationsrechte des Betriebsrats 110
II. Beteiligungsrechte in wirtschaftlichen Angelegenheiten 112
1. Einführung agiler Arbeitsmethoden als Betriebsänderung ... 112
a. Änderung der Betriebsorganisation (§ 111 S. 3 Nr. 4 BetrVG) 112
b. Einführung grundlegend neuer Arbeitsmethoden (§ 111 S. 3 Nr. 5 BetrVG) 114
c. Zusammenfassung 114
2. Beteiligungsrechte aufgrund einer Betriebsänderung 115
a. Unterrichtung des und Beratung mit dem Betriebsrat 115
b. Interessenausgleichs- und Sozialplanpflicht 116
III. Beteiligungsrechte in personellen Angelegenheiten 117

1. Allgemeine personelle Angelegenheiten und Berufsbildung . 117
2. Personelle Einzelmaßnahmen im Sinne des § 99 BetrVG 117
a. Versetzung 117
aa. Versetzungsbegriff 118
bb. Versetzung in diesem Sinne 119
(1) Erstmalige Zuweisung in eine agile Organisation bzw. ein Entwicklungsteam 119
(2) (Ständiger/späterer) Wechsel zwischen der ursprünglichen und der agilen Organisation bzw. zwischen den Entwicklungsteams 122
(3) Praktische Umsetzung 123
b. Ein- und Umgruppierung 123
c. Zusammenfassung 124
IV. Beteiligungsrechte in sozialen Angelegenheiten 125
1. Mitbestimmung bei der Durchführung von Gruppenarbeit nach § 87 Abs. 1 Nr. 13 BetrVG 125
a. Gruppenarbeit im Sinne des § 87 Abs. 1 Nr. 13 BetrVG 126
aa. Gruppe von Arbeitnehmern 126
bb. Übertragung einer Gesamtaufgabe 127
cc. Eigenverantwortlichkeit der Gruppe 127
dd. Im Rahmen des betrieblichen Arbeitsablaufs 129
ee. Zusammenfassung 131
b. Umfang und Inhalt des Mitbestimmungsrechts 132
c. Verhältnis des § 87 Abs. 1 Nr. 13 BetrVG zu den anderen Mitbestimmungstatbeständen des § 87 Abs. 1 BetrVG 134
2. Weitere Mitbestimmungsrechte des § 87 Abs. 1 BetrVG 135
a. § 87 Abs. 1 Nr. 2 und 3 BetrVG 136
b. § 87 Abs. 1 Nr. 6 BetrVG 140
c. § 87 Abs. 1 Nr. 7 BetrVG 140
d. § 87 Abs. 1 Nr. 10 und 11 BetrVG 142

D. Ergebnis des vierten Kapitels 144

5 Kapitel: Zusammenfassung in Thesen 145
Die Scrum-Methode und ihre praktische Umsetzung 145
Auswirkungen der Ein- und Durchführung der Scrum-Methode auf das arbeitsrechtliche Weisungsrecht 145
Abgrenzung zur verdeckten (verdeckten) Arbeitnehmerüberlassung sowie Scheinselbständigkeit 146
Betriebsverfassungsrechtliche Fragen bei der Ein- und Durchführung der Scrum-Methode 147

Literaturverzeichnis 153

Abkürzungsverzeichnis

a.A.	andere Ansicht
Abs.	Absatz
a.E.	am Ende
ArbG	Arbeitsgericht
ArbSchG	Gesetz über die Durchführung von Maßnahmen des Arbeitsschutzes zur Verbesserung der Sicherheit und des Gesundheitsschutzes der Beschäftigten bei der Arbeit – Arbeitsschutzgesetz v. 7.8.1996 i.d.F. v. 20.11.2019 (ArbSchG), BGBl. I 1996, S. 1626.
ArbZG	Arbeitszeitgesetz v. 6.6.1994 i.d.F. v. 11.11.2016 (ArbZG), BGBl. I 1994, S. 1170.
AÜG	Gesetz zur Regelung der Arbeitnehmerüberlassung – Arbeitnehmerüberlassungsgesetz v. 3.2.1995 i.d.F. v. 13.3.2020 (AÜG), BGBl. I 1995, S. 158.
Ausschuss-Drs.	Ausschussdrucksache
BAG	Bundesarbeitsgericht
BetrVG	Betriebsverfassungsgesetz v. 25.9.2001 i.d.F. v. 21.2.2017 (BetrVG), BGBl. I 2001, S. 2518
BGBl.	Bundesgesetzblatt
BGB	Bürgerliches Gesetzbuch v. 2.1.2002 i.d.F. v. 19.3.2020 (BGB), BGBl. I 2002, S. 42.
BGH	Bundesgerichtshof
BMAS	Bundesministerium für Arbeit und Soziales der Bundesrepublik Deutschland
BT-Drs.	Bundestagsdrucksache
BYOD	Bring your own device
bzw.	beziehungsweise
d. (Gründe)	der (Gründe)
dass. / ders. / diess.	dasselbe / derselbe / dieselbe
d.h.	das heißt
EuGH	Europäischer Gerichtshof
f. / ff.	folgende / die folgenden
Fn.	Fußnote
gem.	gemäß

ggf.	gegebenenfalls
h.M.	herrschende Meinung
Hs.	Halbsatz
i.d.F.	in der Fassung
i.E.	im Ergebnis
i.Ü.	im Übrigen
krit.	kritisch
KSchG	Kündigungsschutzgesetz v. 25.8.1969 i.d.F. v. 17.7.2017 (KSchG), BGBl. I 1969, S. 1317.
LAG	Landesarbeitsgericht
LG	Landgericht
lit.	Buchstabe
m.w.N.	mit weiteren Nachweisen
Nr.	Nummer
o.ä.	oder ähnliches
OLG	Oberlandesgericht
Rn.	Randnummer
S. / s.	Satz; Seite / siehe
SGB IV	Sozialgesetzbuch – Viertes Buch (IV) – Gemeinsame Vorschriften für die Sozialversicherung v. 12.11.2009 i.d.F. v. 22.3.2020 (SGB IV), BGBl. I 2009, S. 3710.
SGB VII	Sozialgesetzbuch – Siebtes Buch (VII) – Gesetzliche Unfallversicherung, v. 7.8.1996 i.d.F. v. 12.12.2019 (SGB VII), BGBl. I 1996, S. 1254.
sog.	sogenannt
StGB	Strafgesetzbuch v. 13.11.1998 i.d.F. v. 3.3.2020 (StGB), BGBl. I 1998, S. 3322.
St. Rspr.	ständige Rechtsprechung
u.a.	unter anderem
v.	von / vom
v.a.	vor allem
vgl.	vergleiche
z.B.	zum Beispiel

Einführung

Die klassischen, von (An-)Weisungen gekennzeichneten Arbeitsmethoden haben Konkurrenz bekommen: agile Arbeitsmethoden. Diese haben ihren Ursprung in der Softwareentwicklung. Bereits in den 1980er Jahren wurden dort Schwächen der damaligen Vorgehensweise nach klassischen Arbeitsmethoden bei der Entwicklung komplexer (Software-)Systeme offensichtlich.

Ein System entstand damals in zwei Stufen: auf einen umfangreichen Planungsprozess, in dem zunächst das Sollverhalten eines Systems detailliert beschrieben wurde, folgte eine entsprechende Realisierungsphase. Theoretisch ein zielführender Ansatz, aber die Hoffnung, ein komplexes System planerisch bereits zu Beginn vollständig zu erfassen, blieb eine Utopie. Denn während der Entwicklung wurden ständig Schwächen der Planung aufgedeckt, die behoben werden mussten – v.a. früh entstandene, aber spät gefundene Planungsfehler führten zu teils massiven Überschreitungen von Zeit- und Kostenbudgets. Es war die schiere Menge an unliebsamen Überraschungen, die diese Arbeitsmethoden in Verruf brachte.

Verbesserung brachte bald das Prinzip der Wiederverwendbarkeit. Systeme wurden derart konzipiert, dass Komponenten ausgetauscht werden konnten – was funktionierte, wurde beibehalten, was weniger gut oder nicht funktionierte, ersetzt. Zwar wurde die Entwicklung beherrschbarer, jedoch mussten nach wie vor gewisse Komponenten neu entwickelt werden.

Dafür gab es bald Innovation: die agilen Arbeitsmethoden. Wie der Name schon sagt, beruhen diese auf dem Begriff der Agilität, von dem es jedoch eine kaum überschaubare Anzahl an Ausprägungen gibt.[1] Dies hat zur Folge, dass auch im Hinblick auf die – ebenso vielzähligen[2] – agilen Arbeitsmethoden keine allgemein anerkannte einheitliche Definition auszumachen ist. Eines ist jedoch allen Methoden gemein: die Wiederholung gleichartiger Schritte – jeder Schritt besteht dabei aus rudimentärer Planung und lediglich kurzen Entwicklungsphasen, denen eine unmittelbare Bewertung durch das beteiligte – vergleichsweise kleine und weitgehend autonom arbeitende – Entwicklungsteam oder den Kunden folgt, so dass auftretenden Schwachpunkten frühzeitig entgegengewirkt

---

1 S. statt vieler *Förster/Wendler*, Theorien und Konzepte zu Agilität in Organisationen, S. 1 ff.

2 Eine (nicht abschließende) Übersicht agiler Arbeitsmethoden in der Softwareentwicklung findet sich in *Preußig*, Agiles Projektmanagement, S. 133.

werden kann. Dieser Ansatz basiert letztlich auf den Werten Flexibilität, Anpassung und Selbstorganisation, die zu vielversprechenderen Ergebnissen in kürzerer Zeit führen sollen.

Ein Gedanke, der inzwischen auch über die Softwareentwicklung hinaus für Begeisterung sorgt. Typische Beispiele sind etwa Handelsunternehmen, die v.a. im Bereich der Lieferdienste auf derartige Prozesse setzen. Die Motive agil zu arbeiten sind stets dieselben: Aufgaben sollen kostengünstiger, schneller und gezielter erledigt werden. Obgleich man auch berücksichtigen muss, dass sich agile Arbeitsmethoden nicht für jeden Bereich gleichermaßen eignen, etwa wenn es um standardisierte Prozesse geht, die eine geringe Fehlertoleranz zulassen.[3]

Unter den diversen agilen Arbeitsmethoden dominiert die Scrum-Methode. Es handelt sich dabei um ein im sog. Scrum-Guide niedergelegtes Rahmenwerk zur Entwicklung komplexer Produkte, das einen bestimmten Ablauf und verschiedene Rollen vorsieht.[4] Aufgrund der recht allgemeinen Beschreibung dieser Methode, eignet sie sich besonders zur Anwendung auch außerhalb der Softwarebranche.[5] Mithin ein Grund, weshalb – einer repräsentativen Umfrage zufolge – inzwischen fast acht von zehn Industrieunternehmen, die agile Arbeitsmethoden anwenden, auf die Scrum-Methode setzen. Im Handel sind es sogar neun von zehn Unternehmen.[6]

Angesichts der wachsenden Verbreitung der Scrum-Methode tauchen auch zahlreiche juristische Fragestellungen auf. Dabei geht es meist um das hohe Maß an Eigenverantwortlichkeit und Selbstorganisation der an dem Prozess Beteiligten. Mehr Autonomie im Arbeitsalltag sind bereits Begleiterscheinungen von Home oder Mobile Office, erreichen durch die Anwendung der Scrum-Methode aber eine neue Qualität. Denn das Weisungsrecht des Arbeitgebers wird nun durch die methodisch geforderte Autonomie in Frage gestellt. Dieser Gegensatz bestimmt nahezu alle arbeitsrechtlichen Herausforderungen, die hier besprochen werden: Ausgehend von der umstrittenen vertraglichen Einordnung der unternehmensübergreifenden Zusammenarbeit nach der Scrum-Methode über die Gefahr der verdeckten Arbeitnehmerüberlassung sowie

---

3 Vgl. *Günther/Böglmüller,* NZA 2019, 273 (275).

4 *Sutherland/Schwaber,* Scrum-Guide, S. 3 ff.

5 *Preußig,* Agiles Projektmanagement, S. 133 f.

6 Ergebnis einer im Auftrag des Personaldienstleisters Etengo (Deutschland) AG von Bitcom Research durchgeführten repräsentativen Befragung von mehr als 300 Unternehmen ab 500 Mitarbeitern zur Anwendung agiler Projektmanagement-Methoden, s. dazu https://www.bitkom-research.de/de/pressemitteilung/scrum-koenig-unter-den-agilen-methoden, zuletzt abgerufen am 30.9.2020.

die der Scheinselbständigkeit bis hin zu Fragen im Bereich der betrieblichen Mitbestimmung.

Gerade Betriebsräte stehen agilen Arbeitsmethoden oft noch kritisch gegenüber, sehen sie doch aufgrund der Autonomie der Beteiligten große Risiken für die Belegschaft, wie Selbstausbeutung, Gruppendruck oder neue Konkurrenz durch Selbständige. Mitbestimmungsdefizite müssen vermieden werden. Solche Bedenken sind arbeitsrechtlich zu beleuchten und möglichst auszuräumen. Denn wenn agiles Arbeiten von allen Seiten gelebt, befürwortet und arbeitsrechtlich abgesichert wird, können Unternehmen davon enorm profitieren. Kostenvorteile in der Entwicklung, Verkürzung der Time-to-Market sowie gesteigerte Mitarbeiter- und Kundenzufriedenheit sind nur wenige Vorzüge dieser Methode.

1 Kapitel: Die Scrum-Methode und ihre praktische Umsetzung

A. Die Scrum-Methode als Beispiel agiler Arbeitsmethoden

Wesentlich für die Scrum-Methode sind der Ablauf und die klare Zuweisung von Rollen und Verantwortungsbereichen. Dies sowie mögliche Anwendungsbereiche, nämlich unternehmensübergreifend, aber auch unternehmensintern, werden nachfolgend dargestellt, so dass darauf aufbauend auf die arbeitsrechtlichen Besonderheiten und Herausforderungen bei der Ein- und Durchführung der Scrum-Methode eingegangen werden kann.

I. Ablauf eines Scrum-Prozesses

Die Scrum-Methode zeichnet sich durch eine iterative und inkrementelle, d.h. sich während des Prozesses ständig wiederholende und aufeinander aufbauende, Herangehensweise aus. Im Detail stellt sich der Ablauf eines Scrum-Prozesses wie folgt dar:[7]

Am Anfang steht zunächst lediglich eine Vision, die sog. „User Story", die sich – je nach Ausgestaltung im Einzelfall – aus Vorstellungen und Anforderungen des Kunden, Auftraggebers oder unter Umständen auch Arbeitgebers, an ein zu entwickelndes Produkt oder zu bewältigendes Projekt zusammensetzt. Diese „User-Story" wird sodann in das sog. Product Backlog überführt. Dabei handelt es sich um eine Art Aufgabenliste, in der diese Vorstellungen und Anforderungen an das Produkt bzw. Projekt zunächst lediglich umrissen werden. Das Product Backlog ist deshalb nicht zu verwechseln mit einem herkömmlichen Lasten- bzw. Pflichtenheft, in dem die Anforderungen vorab detailliert und umfassend beschrieben werden.

Sodann beginnt die eigentliche Entwicklungsarbeit in den sog. Sprints. Das sind kurze, sich wiederholende Arbeitszyklen oder Entwicklungsphasen, die in der Regel zwei bis vier Wochen andauern. Die einzelnen in den Sprints zu

---

7 S. zu dem gesamten Ablauf u.a. Arnold/Günther ArbR 4.0-HdB/*Lingemann/Chakrabarti,* Kapitel 2 Rn. 105 ff.; *Günther/Böglmüller,* NZA 2019, 273 (275); *Heise/Friedl,* NZA 2015, 129 (131); *Winstel/Karsten,* AuA 2017, 400 (400 f.); *Sutherland/Schwaber,* Scrum Guide, S. 9 ff.

bearbeitenden Aufgaben werden durch Absprachen der Mitglieder des Entwicklungsteams[8] untereinander, nicht aber mittels Weisung verteilt[9] – ein, wenn nicht sogar das Wesensmerkmal agiler Arbeit nach der Scrum-Methode. Die in den Sprints erarbeiteten Zwischenergebnisse werden sodann wiederum im Product Backlog festgehalten, welches während des gesamten Prozesses stets ergänzt, eingeschränkt oder verändert wird. Lange Planungs- und Realisierungsphasen werden so vermieden. Während eines Scrum-Prozesses schließt sich ein Sprint an den anderen an, bis die Produktentwicklung schließlich abgeschlossen ist.

Der Ablauf unterscheidet sich von dem klassischer Arbeitsmethoden v.a. durch die zu Beginn eines Projekts noch nicht umfassend festgelegten Anforderungen, die erst im Laufe des Entwicklungsprozesses schrittweise konkretisiert werden, wodurch der gesamte Prozess flexibler und effizienter gestaltet werden soll.[10] Dies erschwert zugleich jedoch die vertragliche Einordnung und Ausgestaltung einer auf Basis der Scrum-Methode stattfindenden Zusammenarbeit.[11]

II. Rollenverteilung

Um einen solchen Scrum-Prozess erfolgreich durchführen zu können, sieht die Scrum-Methode im Idealfall drei Rollen vor: den Product Owner, den Scrum Master sowie das Entwicklungsteam. Diese bilden zusammen das Scrum-Team.[12]

Der Product Owner verantwortet das Produkt oder Projekt, indem er die Vorstellungen und Anforderungen, die an das Produkt oder Projekt gestellt werden, zusammenträgt und diese im Product Backlog festhält, für dessen ständige Aktualisierung er während des gesamten Scrum-Prozesses verantwortlich ist. Darüber hinaus obliegt ihm die Festlegung und Priorisierung einzelner daraus resultierender Arbeitsaufträge sowie die Entscheidung, ob das Ziel eines Sprints erreicht und letztlich die Produktentwicklung bzw. Projektabwicklung abgeschlossen ist. Um seine Aufgaben entsprechend wahrnehmen zu können, steht er in regelmäßigem Kontakt mit dem Entwicklungsteam, ohne jedoch in dessen Arbeit einzugreifen. Arbeitsrechtliche Weisungsbefugnisse bestehen insofern nicht, allenfalls werkvertragliche Anordnungsrechte.[13]

---

8 S. zur Rollenverteilung nach der Scrum-Methode sogleich Kapitel 1 – A.II.

9 *Heise,* NZA-Beilage 2019, 100 (105).

10 *Heise,* NZA-Beilage 2019, 100 (101 f.); *Heise/Friedl,* NZA 2015, 129 (130); *Sittard/Müller,* ArbRB 2018, 381 (382).

11 S. dazu Kapitel 3 – A.

12 *Sutherland/Schwaber,* Scrum Guide, S. 6.

13 Arnold/Günther ArbR 4.0-HdB/*Lingemann/Chakrabarti,* Kapitel 2 Rn. 102; *Bachner,* FS-BetrVG, S. 17 (19); *Günther/Böglmüller,* NZA 2019, 273 (275); *Heise,* NZA-Beilage

Der Scrum Master soll vorrangig den regelgerechten und möglichst reibungslosen Ablauf des Scrum-Prozesses gewährleisten, indem er sowohl den Product Owner als auch das Entwicklungsteam bei der Durchführung ihrer Aufgaben in organisatorischer Hinsicht unterstützt. Dazu zählen unter anderem die Organisation und Moderation von Besprechungen, die Beseitigung etwaiger Hindernisse sowie der vermittelnde Einsatz bei Konflikten innerhalb des Entwicklungsteams. Ebenso wenig wie dem Product Owner stehen dem Scrum Master arbeitsrechtliche Weisungsbefugnisse zu.[14]

Schließlich dreht sich im Rahmen eines Scrum-Prozesses alles um das Entwicklungsteam. Diesem obliegt die Entwicklung des Produkts bzw. Bewältigung des Projekts auf Basis der im Product Backlog festgehaltenen Anforderungen. Das „Wie" ist dabei allein Sache des Entwicklungsteams, das autonom und während des gesamten Scrum-Prozesses mithin gänzlich frei von arbeitsrechtlichen Weisungen agieren soll.[15] Dabei setzt es sich idealerweise aus drei bis neun Personen zusammen, so dass es einerseits klein genug ist, um agil zu bleiben und andererseits groß genug, um die anfallende Arbeit bewältigen zu können, ohne dass der Scrum-Prozess insgesamt zu komplex wird und zu viel Koordination erfordert.[16] Zudem sollte es interdisziplinär tätig sein, so dass es während des Scrum-Prozesses über sämtliche, für die Entwicklung des Produkts oder die Bewältigung des Projekts erforderlichen Fähigkeiten verfügt.[17]

B. Die praktische Umsetzung der Scrum-Methode

Die Anwendungsmöglichkeiten der Scrum-Methode in der Praxis sind vielzählig, was nicht zuletzt daran liegt, dass die Scrum-Methode nur ein Rahmenwerk zur Bewältigung komplexer Aufgaben darstellt und dadurch große Freiheiten bei der individuellen Ausgestaltung zulässt.[18] Die Scrum-Methode kann sowohl

---

2019, 100 (105); *Heise/Friedl*, NZA 2015, 129 (130); *Litschen/Yacoubi*, NZA 2017, 484 (487); zur werkvertraglichen Ausgestaltung s. Kapitel 3 – A.I.1.b.

14 Arnold/Günther ArbR 4.0-HdB/*Lingemann/Chakrabarti*, Kapitel 2 Rn. 103; *Bachner*, FS-BetrVG, S. 17 (19); *Günther/Böglmüller*, NZA 2019, 273 (275); *Heise*, NZA-Beilage 2019, 100 (105); *Heise/Friedl*, NZA 2015, 129 (130 f.); *Litschen/Yacoubi*, NZA 2017, 484 (487).

15 Arnold/Günther ArbR 4.0-HdB/*Lingemann/Chakrabarti*, Kapitel 2 Rn. 104; *Günther/Böglmüller*, NZA 2019, 273 (275).

16 *Sutherland/Schwaber*, Scrum Guide, S. 6.

17 *Sutherland/Schwaber*, Scrum Guide, S. 6.

18 *Preußig*, Agiles Projektmanagement, S. 133 ff.

unternehmensübergreifend als auch unternehmensintern Anwendung finden. Je nach Anwendungsbereich ergeben sich daraus in der Praxis unterschiedliche arbeitsrechtliche Herausforderungen.

I. Unternehmensübergreifende Anwendung der Scrum-Methode

Die Scrum-Methode wird, v.a. in der Softwarebranche, oft unternehmensübergreifend angewandt. Vereinfacht dargestellt schließen sich zwei (oder mehr) Unternehmen, von denen das eine zumeist als Auftraggeber und das andere als Auftragnehmer auftritt, zusammen, um von einem Scrum-Team ein Produkt entwickeln zu lassen. Das Scrum-Team setzt sich aus den oben beschriebenen drei Rollen zusammen, wobei der Product Owner in der Regel dem Lager des Auftraggebers, der Scrum Master dem des Auftragnehmers zugeordnet wird.[19] Das Entwicklungsteam kann sich sodann lediglich aus Arbeitnehmern des Auftraggebers oder Auftragnehmers, aber auch aus Arbeitnehmern sowohl des Auftraggebers als auch Auftragnehmers und schließlich auch gänzlich oder jedenfalls teilweise aus Arbeitnehmern externer Unternehmen oder freien Mitarbeitern zusammensetzen.[20]

Unternehmerische Zusammenarbeit – unter Einsatz eigener und fremder Arbeitnehmer sowie freien Mitarbeitern – stellt an sich indes keine Neuheit dar. Bereits seit Jahrzehnten wirken gesellschaftsrechtlich nicht miteinander verbundene Unternehmen derart zusammen. Die Zusammenarbeit nach der Scrum-Methode ist insoweit nur eine weitere Ausgestaltung, was die Herangehensweise an Projekte angeht, mithin aber keine neue Form der Zusammenarbeit. Obgleich es aber auch nicht die eine Form der Zusammenarbeit gibt.

Teilweise wird die unternehmerische Zusammenarbeit in den Arbeits- und Sozialgesetzen angesprochen, beispielsweise in § 8 ArbSchG, § 3 Abs. 1 Nr. 3 BetrVG oder § 105 SGB VII. Allerdings lassen sich daraus aufgrund der unterschiedlichen Zwecksetzung der Regelungen, die vom öffentlich-rechtlichen Arbeitsschutzrecht über das Organisationsrecht bis hin zu Fragen der Haftungsbeschränkung im Sozialrecht führen, keine allgemeinen Erkenntnisse für diese Form der unternehmerischen Zusammenarbeit ziehen.[21]

---

19 Arnold/Günther ArbR 4.0-HdB/*Lingemann/Chakrabarti,* Kapitel 2 Rn. 102 f.; *Heise/Friedl,* NZA 2015, 129 (130); Beschreibung des Product Owners als „Stellvertreter des Auftraggebers" von *Litschen/Yacoubi,* NZA 2017, 484 (487); *Winstel/Karsten,* AuA 2017, 400 (400).

20 Arnold/Günther ArbR 4.0-HdB/*Lingemann/Chakrabarti,* Kapitel 2 Rn. 119.

21 *Krebber,* Unternehmensübergreifende Arbeitsabläufe, S. 10.

Darüber hinaus gibt es anerkannte unternehmerische Kooperationsformen, wie das virtuelle Unternehmen, die v.a. in der Baubranche vorkommende Arbeitsgemeinschaft oder das Gemeinschaftsunternehmen, das oft auch als Joint Venture bezeichnet wird, obgleich hier Unterschiede bestehen können.[22]

Die Ausgangssituation sowie Motivation und Ziele, etwa der Ausgleich eines Mangels an Ressourcen sowie ein hoher Grad an Flexibilität und die Stärkung der Wettbewerbsfähigkeit, sind zumeist identisch und auch für die Zusammenarbeit nach der Scrum-Methode typisch. Allerdings zeichnen sich die eben genannten Formen der Zusammenarbeit durch eine gewisse organisatorische, örtliche und v.a. zeitliche Stabilität aus.[23] Das ist bei der Zusammenarbeit nach der Scrum-Methode meistens nicht der Fall, da sich diese Arbeitsmethode für die Lösung komplexer Probleme in kurzer Zeit bewährt.[24] Dafür eignen sich nach außen verfestigte Strukturen weniger. Unternehmerische Zusammenarbeit nach der Scrum-Methode ist jedoch in jeder Hinsicht vielfältig, sodass diese auch als eine solche Kooperation ausgestaltet sein kann, wenngleich dies seltener der Fall sein wird, da eine derart komplexe Verflechtung der Arbeitsabläufe oft nicht gewollt ist. Meistens wird die Zusammenarbeit auf Basis eines bloßen Austauschvertrags abgewickelt werden.[25]

Die (arbeits-)rechtlichen Besonderheiten ergeben sich dann v.a. durch die neue Form der Herangehensweise, d.h. der Art und Weise, wie Projekte nunmehr abgewickelt werden sollen.[26] Im Fall der unternehmensübergreifenden Zusammenarbeit bereitet die vertragliche Einordnung nicht selten Schwierigkeiten im kautelarjuristischen Bereich.[27] Zugleich rücken im Grundsatz zwar bekannte arbeitsrechtliche Probleme wie das der (verdeckten) Arbeitnehmerüberlassung und das der Scheinselbständigkeit wieder in den Vordergrund, die aufgrund des für die Zusammenarbeit nach der Scrum-Methode prägenden hohen Maßes an Autonomie der eingesetzten Teams jedoch in einen neuen Kontext gestellt werden.[28] Nicht zuletzt stellen sich dadurch auch betriebsverfassungsrechtliche Fragen wie etwa das Entstehen neuer betrieblicher Organisationseinheiten und die betriebsverfassungsrechtliche Stellung der Arbeitnehmer während ihres

---

22 Ausführlich zu den einzelnen Erscheinungsformen s. *Krebber,* Unternehmensübergreifende Arbeitsabläufe, S. 5 ff.

23 S. insbesondere *Krebber,* Unternehmensübergreifende Arbeitsabläufe, S. 62, 66.

24 Arnold/Günther ArbR 4.0-HdB/*Lingemann/Chakrabarti,* Kapitel 2 Rn. 98.

25 S. Kapitel 3 – A.I.1.b.

26 S. Kapitel 1 – A.I., II.

27 S. Kapitel 3 – A.

28 S. Kapitel 3 – B.

Einsatzes.[29] Bezüglich letzterem ist fraglich, inwiefern – entsprechend dem drittbezogenen Personaleinsatz – differenzierende Lösungen geboten sind.

II. Unternehmensinterne Anwendung der Scrum-Methode

Die Scrum-Methode wird zudem auch immer häufiger unternehmensintern eingeführt. Was vor wenigen Jahren noch für die Ausnahme gehalten wurde,[30] ist inzwischen in vielen Unternehmen Realität.[31] Die Ausgestaltungen sind indes vielfältig und mit Veränderungen in der Organisationsstruktur verbunden. Denkbar ist die (weitgehende) Auflösung der bisherigen Organisation, bei der es sich meistens um eine hierarchisch aufgebaute Linienorganisation handeln wird. Die betroffenen Arbeitnehmer werden dann – wie in einer reinen Projektorganisation[32] – ausschließlich in der agilen Organisation[33] tätig.[34] Aber auch die Implementierung der agilen Organisation neben der bisherigen Organisation ist möglich[35] – ähnlich[36] einer Matrix-Projektorganisation, der in der Praxis des klassischen Projektmanagements weitaus häufigsten Organisationsform.[37] Die

29 S. Kapitel 4 – A.

30 *Heise/Friedl*, NZA 2015, 129 (135).

31 *Hoffmann-Remy*, DB 2018, 2757 (2757); *Sittard/Müller*, ArbRB 2018, 381 (382).

32 Allgemein zur reinen Projektorganisation sowie deren Vor- und Nachteilen, s. *Kuster* et al., Handbuch Projektmanagement, S. 121 ff.

33 Zur unterschiedlichen Umgestaltung von Unternehmen hin zu agilen Organisationen – mit Praxisbeispielen, s. *Häusling*, Agile Organisationen, insbesondere S. 145 ff.

34 *Sittard/Müller*, ArbRB 2018, 381 (382).

35 *Sittard/Müller*, ArbRB 2018, 381 (382).

36 Im Fall der Matrix-Projektorganisation besteht neben der ständigen (Linien-)Organisation noch eine Projektorganisation. Anders als im Fall der reinen Projektorganisation bleiben die Arbeitnehmer auch während ihres Einsatzes in der Projektorganisation der ständigen Organisation zugeordnet. Dadurch kommt es zu einer Doppelzuordnung der betroffenen Arbeitnehmer, so dass diese einerseits weiterhin dem disziplinarischen Weisungsrecht ihres Linienvorgesetzten und andererseits dem projektgebundenen Weisungsrecht des Projektvorgesetzten unterstehen, s. *Kuster* et al., Handbuch Projektmanagement, S. 123 ff.; *Litke/Kunow/Schulz-Wimmer*, Projektmanagement, S. 47 f. Diese Organisationsform bedarf einer Modifikation bei der Anwendung der Scrum-Methode als jedenfalls auf die Ausübung des fachlichen Weisungsrechts während des Projekts verzichtet wird, s. Kapitel 2 – A.II. Wie das in der Praxis aussehen kann, zeigt das sog. „Spotify-Modell" des schwedischen Musik-Streaming-Dienstes Spotify AB, das eine Art „agile Matrix-Projektorganisation" darstellt, ausführlich dazu: https://agilescrumgroup.de/spotify-modell/, zuletzt abgerufen am 30.9.2020.

37 Allgemein zur Matrix-Projektorganisation sowie deren Vor- und Nachteilen, s. *Kuster* et al., Handbuch Projektmanagement, S. 123 ff.

betroffenen Arbeitnehmer werden dann nicht dauerhaft in die Projektorganisation ausgegliedert, sondern bleiben ihrer bisherigen Organisation grundsätzlich weiterhin zugeordnet und werden lediglich für einen gewissen Zeitraum, nämlich die Entwicklungsphase, der agilen Organisation zugewiesen.[38] Auch wenn die konkreten Veränderungen in der Organisationsstruktur abhängig sind von der Ausgestaltung im Einzelfall, mitunter je nach Unternehmensgröße und -kultur sowie Branche variieren,[39] lassen sich doch einige Merkmale festhalten, die für den teilweisen oder gänzlichen Umstieg auf eine agile Organisation charakteristisch sind. Mit dem Übergang von der bisher vorwiegend verbreiteten Linienorganisation hin zu einer Netzwerkorganisation, geht die agile Transformation, wie diese Art der Umstrukturierung auch oft bezeichnet wird, mit einem Abbau bis hin zur Auflösung klassischer Hierarchiestrukturen einher. [40] Dadurch verändern sich Aufgaben, Verantwortlichkeiten und Kommunikationswege.[41] Langwierige Abstimmungsprozesse können so vermieden und gleichsam autonome, fachlich gesicherte Entscheidungen gefördert werden.[42]

Ausgangs- sowie Dreh- und Angelpunkt dieser Veränderungen und der daraus resultierenden arbeitsrechtlichen Herausforderungen, im individual-, v.a. aber kollektivarbeitsrechtlichen Bereich, insbesondere was die betriebliche Mitbestimmung anbelangt, ist das Weisungsrecht des Arbeitgebers. Deshalb wird im Folgenden zunächst der Fokus auf die Besonderheiten bei der Ausübung des Weisungsrechts in agilen Strukturen gelegt.

C. Ergebnis des ersten Kapitels

Die Scrum-Methode stellt lediglich ein Rahmenwerk dar, das bestimmte Abläufe und Rollen vorsieht, aufgrund dessen selbstorganisierte Teams komplexe Aufgaben unter Berücksichtigung zuvor nicht kalkulierbarer Entwicklungen, wie Veränderungen am Markt, zeitnah einem Ergebnis zuführen können sollen. Dabei löst die Scrum-Methode als Beispiel agiler Arbeitsmethoden bisherige Methoden keinesfalls gänzlich ab. Es gibt Bereiche, für die sich eine agile Herangehensweise nicht eignet, etwa wenn es sich um stark standardisierte Prozesse handelt,

38 *Sittard/Müller,* ArbRB 2018, 381 (382).
39 *Günther/Böglmüller,* NZA 2019, 417 (417).
40 *Günther/Böglmüller,* NZA 2019, 417 (417); *Sittard/Müller,* ArbRB 2018, 381 (382).
41 *Hoffmann-Remy,* DB 2018, 2757 (2761).
42 *Reinhard,* FS-BetrVG, S. 613 (613).

die eine geringe Fehlertoleranz zulassen.[43] Letztlich kommt es immer auf die Art und Größe sowie die Komplexität und die Rahmenbedingungen im Einzelfall an.[44] Im Fall der Anwendung der Scrum-Methode sind die Ausgestaltungen im Einzelfall indes zahlreich, so kann die Scrum-Methode zur Bewältigung eines unternehmensübergreifenden Projekts oder aber unternehmensintern als ständige Organisationsform zum Einsatz kommen. Anhand der hier geschilderten Anwendungsmöglichkeiten wird im Folgenden auf die unterschiedlichen arbeitsrechtlichen Herausforderungen eingegangen.

43 Arnold/Günther ArbR 4.0-HdB/*Arnold/Winzer*, Kapitel 3 Rn. 159; *Günther/Böglmüller*, NZA 2019, 273 (275).

44 s. *Kuster* et al., Handbuch Projektmanagement, S. 18.

2 Kapitel : Auswirkungen der Ein- und Durchführung der Scrum-Methode auf das arbeitsrechtliche Weisungsrecht

A. Veränderung im Hinblick auf die Ausübung des arbeitsrechtlichen Weisungsrechts

Charakteristisch für die Scrum-Methode ist die Weisungsfreiheit des Entwicklungsteams während des Entwicklungsprozesses.[45] Dem Entwicklungsteam soll dadurch ein möglichst hohes Maß an Selbstverantwortung und -organisation zukommen. Dies ist nur möglich, wenn der Arbeitgeber sich in der Ausübung seines Weisungsrechts, das seine Grundlage im Arbeitsvertrag findet und das er im Sinne des § 106 GewO auszuüben vermag, zurücknimmt. Dabei ist oftmals die Rede von einem „Verzicht" auf das fachliche Weisungsrecht. Was darunter zu verstehen ist und wie sich dieser „Verzicht" wiederum auf die Ausübung des disziplinarischen Weisungsrechts auswirkt, ist von zentraler Bedeutung, da das Weisungsrecht Dreh- und Angelpunkt zahlreicher Fragen des Individual- und Kollektivarbeitsrechts darstellt.

I. Fachliches und disziplinarisches Weisungsrecht

Das Weisungsrecht kann in einen fachlichen und disziplinarischen Teil aufgespalten werden. Das fachliche Weisungsrecht bezieht sich auf die Ausübung der arbeitsvertraglich geschuldeten Leistung, wie Zeit, Ort und Inhalt der Arbeit. Das disziplinarische Weisungsrecht hingegen umfasst administrative und personalpolitische Entscheidungen des Arbeitgebers, insbesondere personelle Einzelmaßnahmen.[46] Dass eine solche Aufspaltung des Weisungsrechts möglich und allgemein anerkannt ist, zeigt u.a. der Fall der gesetzlich verankerten Arbeitnehmerüberlassung sowie die in der Praxis häufig anzutreffende Matrixorganisation.[47]

---

45 Arnold/Günther ArbR 4.0-HdB/*Lingemann/Chakrabarti*, Kapitel 2 Rn. 101; *Günther/Böglmüller*, NZA 2019, 417 (418 f.).

46 *Günther/Böglmüller*, NZA 2017, 546 (547).

47 S. statt vieler zum Weisungsrecht in Matrixorganisationen *Maschmann*, NZA 2017, 1557.

II. Vorübergehender „Verzicht" auf die Ausübung des fachlichen Weisungsrechts

Wenn von einem „Verzicht" auf das Weisungsrecht nunmehr die Rede ist, so ist dieser rein faktisch und temporär zu verstehen.[48] Von einem Verzicht im rechtlichen Sinne beziehungsweise einer Abbedingung des Weisungsrechts ist abzusehen. Auch eine Übertragung, auf welcher rechtlichen Konstruktion diese auch beruhen mag, jedenfalls des fachlichen Weisungsrechts, wie sie in den genannten Fällen der Arbeitnehmerüberlassung oder in Matrixorganisationen vorkommt, ist kaum vorstellbar. Letztlich kommt nur eine temporäre Nichtausübung des fachlichen Weisungsrechts in Betracht.

Das disziplinarische Weisungsrecht wird indes davon nicht tangiert. Dieses verbleibt bei dem jeweiligen (Vertrags-)Arbeitgeber. Denn ein „Verzicht" bzw. die Nichtausübung sowohl des fachlichen als auch des disziplinarischen Weisungsrechts, das für die Stellung des Arbeitgebers kennzeichnend ist, ist mit den gesetzlichen Vorschriften nicht zu vereinen.[49]

1. Begriff des Verzichts und dessen rechtliche Auswirkungen

Im allgemeinen Sprachgebrauch ist unter einem Verzicht die Aufgabe eines Anspruchs, Vorhabens o.ä. zu verstehen. In diese Richtung tendierte man auch früher als unter einem Verzicht im rechtlichen Sinne „die Aufgabe eines Rechts schlechthin" verstanden wurde. Doch dieses Verständnis veränderte sich im Laufe der Zeit, so dass mittlerweile überwiegend „das auf dem Willen des Berechtigten beruhende Aufgeben von rechtlich gewährleisteten Vorteilen" als Verzicht aufgefasst wird.[50] Unabhängig davon, ob man den Verzicht nun aber etwas enger oder weiter fasst, ist allen Ansätzen gemein, dass am Ende das Recht aufgehoben wird, d.h. niemandem mehr zur Verfügung steht.[51]

Das wird aber hier regelmäßig nicht der Fall sein. Der Arbeitgeber möchte in der Regel nicht gänzlich und stetig auf sein Weisungsrecht verzichten bzw. dieses abbedingen, was einem Verzicht gleichstünde. Wird im Zusammenhang mit der Scrum-Methode also von einem „Verzicht" gesprochen, wird meistens nicht ein

---

48 *Günther/Böglmüller,* NZA 2019, 273 (276).

49 Zur Übertragung des fachlichen und disziplinarischen Weisungsrechts in der Matrixstruktur, was aber gleichermaßen für agiles Arbeiten gelten dürfte, *Dörfler/Heidemann,* AiB 2012, 196 (197).

50 *Joussen,* RdA 2005, 31 (32).

51 *Joussen,* RdA 2005, 31 (32).

solcher in der eben beschriebenen Weise gemeint sein. Es ist daher zu überlegen, welche Gestaltungen hier anstelle des Verzichts bzw. der Abbedingung des Weisungsrechts in Betracht kommen.

2. *Delegation des fachlichen Weisungsrechts*

Denkbar ist eine Delegation des fachlichen Weisungsrechts auf das Entwicklungsteam als solches im Sinne einer Gesamtvertretung nach §§ 164 ff. BGB.[52] Die Vorschriften über die Stellvertretung sind unmittelbar nur auf Willenserklärungen anwendbar. Das Weisungsrecht ist als Leistungsbestimmungsrecht im Sinne des § 315 BGB ein Gestaltungsrecht, das durch Gestaltungserklärung, hier in Form der Erteilung von Weisungen, ausgeübt wird. Bei den Weisungen handelt es sich nach überwiegender Ansicht um einseitige empfangsbedürftige Willenserklärungen.[53] Das wird auf das Gros der Weisungen zutreffen - insbesondere wenn es sich um tätigkeitsbezogene Weisungen handelt, die hier in Frage stehen. Im Übrigen wird es sich regelmäßig um geschäftsähnliche Handlungen handeln, auf die die §§ 164 ff. BGB jedenfalls entsprechend Anwendung finden.[54] Aufgrund dessen ist eine nähere Auseinandersetzung mit der Frage nach der Rechtsnatur der Weisungen an dieser Stelle nicht erforderlich.

Indes überzeugt eine Delegation des fachlichen Weisungsrechts auf das Entwicklungsteam nicht. Im Gegensatz zu den bisherigen Organisationsstrukturen, die von hierarchisch gegliederten Fachabteilungen geprägt sind, in denen der Arbeitgeber bzw. von ihm dazu – unabhängig von der rechtlichen Konstruktion – ermächtigte Führungskräfte den beschäftigten Arbeitnehmern Weisungen erteilen, führen agile Organisationen zu einem Abbau bzw. einer Auflösung von Hierarchieebenen. Dies hat zur Folge, dass Weisungsrechte an Bedeutung verlieren, mitunter überflüssig werden.[55] Das Entwicklungsteam soll, den Gedanken agilen Arbeitens entsprechend, weisungsfrei arbeiten, d.h. gänzlich frei von (fachlichen) Weisungen – auch untereinander, sind die Mitglieder doch gleichberechtigt.[56] Wo aber Hierarchieebenen nicht mehr vorhanden sind

52 In Bezug auf teilautonome Gruppen s. *Elert*, Gruppenarbeit, S. 88; in diese Richtung wohl auch *Paul*, Gruppenarbeit, S. 68 f.; *Blanke*, RdA 2003, 140 (147).

53 BAG v. 16.4.2015 – 6 AZR 242/14, Rn. 24; Hessisches LAG v. 31.10.1957 – III LA 156/57; AR/*Kolbe*, GewO, § 106 Rn. 6; H/W/K/*Lembke*, GewO, § 106 Rn. 6.

54 BGH v. 22.11.2005 – VI ZR 126/04, Rn. 12; MüKo-BGB/*Schubert*, § 164 Rn. 90 m.w.N.; ausführlich s. *Birk*, Die arbeitsrechtliche Leitungsmacht, S. 192 ff.; *Windbichler*, Arbeitsrecht im Konzern, S. 84.

55 Arnold/Günther ArbR 4.0-HdB/*Arnold/Winzer*, Kapitel 3 Rn. 148 ff.

56 Vgl. *Sutherland/Schwaber*, Scrum Guide, S. 7.

und Gleichberechtigung herrscht, besteht keine Basis mehr für die Ausübung von Weisungen. Dementsprechend bedarf es erst recht keiner Übertragung des Weisungsrechts auf das Entwicklungsteam, wäre eine solche im Ergebnis doch wirkungslos.

3. Leistungsbestimmung durch mehrere Dritte gemäß § 317 Abs. 2 BGB

Des weiteren wird – auch in Bezug auf teilautonome Gruppen – eine Anwendung von § 317 Abs. 2 BGB vorgeschlagen, wonach der Arbeitgeber einer Gruppe, also hier entsprechend dem Entwicklungsteam, ein eigenes Leistungsbestimmungsrecht im Hinblick auf das Weisungsrecht einräumt.[57] Ausgangspunkt ist wiederum die Qualifizierung des Weisungsrechts als einseitiges Leistungsbestimmungsrecht im Sinne des § 315 BGB.[58] Die Bestimmung der Leistung kann nach § 317 Abs. 1 BGB auch Dritten, nach § 317 Abs. 2 BGB sogar mehreren Dritten überlassen werden. Im Fall der Gruppenarbeit sollen die einzelnen Gruppenmitglieder „Dritte" im Sinne der Vorschrift sein, die sodann anstelle des Arbeitgebers dazu ermächtigt sind, das Weisungsrecht entsprechend zu konkretisieren. „Dritter" im Sinne des § 317 BGB kann nämlich grundsätzlich jede natürliche oder juristische Person sein, die nicht Teil des zu Grunde liegenden Schuldverhältnisses ist.[59] Dieses Schuldverhältnis bildet vorliegend der jeweils zwischen Arbeitgeber und Arbeitnehmer geschlossene Arbeitsvertrag. Ein Arbeitnehmer kann im Hinblick auf sein Arbeitsverhältnis aber nie „Dritter" sein, wohingegen die anderen Gruppenmitglieder durchaus als solche qualifiziert werden können. Das hätte zur Folge, dass diese, wenn in der Regel auch nur einstimmig (vgl. § 317 Abs. 2 BGB), auf das Arbeitsverhältnis eines anderen Gruppenmitglieds einwirken könnten. Das ist aber wiederum nicht mit dem Gedanken der Gruppenarbeit und erst recht nicht mit dem des agilen Arbeitens nach der Scrum-Methode zu vereinbaren, wonach ein ausgewogenes Verhältnis zwischen den Gruppenmitgliedern, mithin Gleichberechtigung, bestehen soll. Schließlich wäre demnach stets ein Arbeitnehmer bei den ihn betreffenden Entscheidungen ausgeschlossen. Das kann nicht gewollt sein.

---

57 *Nill*, Selbstbestimmung in der Arbeitsgruppe?, S. 41 f. m.w.N.
58 MüKo-BGB/*Würdinger*, § 315 Rn. 69.
59 MüKo-BGB/*Würdinger*, § 317 Rn. 14.

4. *Bloße Nichtausübung des fachlichen Weisungsrechts*

Am überzeugendsten ist es wohl den „Verzicht" als bloße Nichtausübung des fachlichen Weisungsrechts im Gegensatz zu einer wie auch immer konstruierten Übertragung dessen an die Gruppe einzuordnen. Die Nichtausübung ist als bloße Untätigkeit zu verstehen.[60] Eine Nichtausübung des Weisungsrechts ist möglich, da dieses sogar abdingbar ist.[61] Für eine Abbedingung des Weisungsrechts spricht indes wenig, hat der Arbeitgeber sodann keine Möglichkeit mehr das Weisungsrecht immer wieder zu ergreifen, etwa wenn sich die Selbstorganisation des Teams als ineffizient erweist oder der Arbeitgeber aus Haftungsgründen eingreifen muss, weil er jedenfalls bei der unternehmensinternen Umsetzung agiler Projekte letztlich für die Handlungen seiner Arbeitnehmer einzustehen hat.[62]

Demgegenüber hat die bloße Nichtausübung des fachlichen Weisungsrechts den Vorteil, dass der Arbeitgeber sich jederzeit für oder gegen die Nichtausübung entscheiden kann. Schließlich ist er dem Wortlaut des § 106 S. 1 GewO nach nicht verpflichtet dieses auszuüben, heißt es doch, dass der Arbeitgeber die Leistung näher bestimmen „kann", aber nicht muss. Im Fall der Scrum-Methode gibt der Arbeitgeber regelmäßig nur noch ein bestimmtes (Zwischen-)Ziel vor. Während der darauffolgenden Entwicklungsphase „verzichtet" der Arbeitgeber sodann auf die Ausübung des fachlichen Weisungsrechts gegenüber dem Entwicklungsteam, indem weder Vorgaben zu Zeit oder Ort noch zur inhaltlichen Ausübung der Tätigkeit erteilt werden.[63]

Diese zeitweilige Nichtausübung des fachlichen Weisungsrechts entfaltet indes keinerlei Bindungswirkung dahingehend, dass der Arbeitgeber das ihm zustehende Weisungsrecht später nicht wieder an sich ziehen und uneingeschränkt ausüben könnte. Zwar ist nicht grundsätzlich ausgeschlossen, dass sich Arbeitspflichten nach längerer Zeit auf bestimmte Arbeitsbedingungen konkretisieren. Allerdings führt die bloße Nichtausübung des fachlichen Weisungsrechts – und zwar selbst dann, wenn sich diese über einen längeren, mitunter sogar mehrjährigen Zeitraum erstreckt – nicht zu einer konkludenten Beschränkung des fachlichen Weisungsrechts bzw. zur Schaffung eines Vertrauenstatbestands, dass

---

60 *Joussen*, RdA 2005, 31 (32).

61 BeckOK-ArbR/*Tillmanns*, GewO, § 106 Rn. 9 ff; *Günther/Böglmüller*, NZA 2017, 546 (547).

62 Arnold/Günther ArbR 4.0-HdB/*Arnold/Winzer*, Kapitel 3 Rn. 156; *Günther/Böglmüller*, NZA 2019, 546 (547).

63 Vgl. *Günther/Böglmüller*, NZA 2017, 546 (547).

der Arbeitgeber davon keinen Gebrauch mehr machen will. Denn die Nichtausübung des Weisungsrechts hat per se keinen Erklärungswert. Vielmehr bedarf es des Hinzutretens besonderer Umstände, aufgrund derer der Arbeitnehmer darauf vertrauen darf, dass er künftig nicht (mehr) in anderer Weise eingesetzt werden soll.[64] Eine Konkretisierung tritt somit regelmäßig nur ein, wenn neben das Zeitmoment noch ein Umstandsmoment tritt.[65] Allerdings ist das Vorliegen besonderer Umstände immer eine Frage des Einzelfalls.[66] Im Fall der Entwicklungsteams wird es darauf selten ankommen. Denn eine etwaige Konkretisierung wird regelmäßig bereits aufgrund der eher auf kurze Dauer ausgelegten Entwicklungsphasen, wie sie nach der Scrum-Methode vorgesehen sind, und da nur während dieser auf die Ausübung des Weisungsrechts verzichtet wird, nicht in Betracht kommen. Insofern scheitert es bereits am Zeitmoment. Im Übrigen sind keine Anhaltspunkte ersichtlich, die für die Annahme einer Konkretisierung sprechen.

Schließlich ist in Fällen der Nichtausübung des Weisungsrechts häufig der damit in Zusammenhang stehende Anspruch des Arbeitnehmers auf vertragsgemäße Beschäftigung zu prüfen, können dadurch doch Annahmeverzugslohnansprüche ausgelöst werden.[67] Ein solcher Fall wird hier aber nicht gegeben sein, da die Teammitglieder eine bestimmte Aufgabe haben, die es zu bewältigen gibt, bei deren Ausführungen ihnen lediglich – den Werten agilen Arbeitens entsprechend – mehr (Handlungs-)Freiräume eingeräumt werden.

5. *Zusammenfassung*

Damit agile Teams weisungsfrei und somit selbstorganisierend und eigenständig tätig werden können, soll der Arbeitgeber auf die Ausübung des fachlichen Weisungsrechts jedenfalls während der Projektlaufzeit „verzichten". Damit ist keinesfalls ein absoluter Verzicht bzw. eine Abbedingung des Weisungsrechts gemeint. Auch eine Übertragung des Weisungsrechts auf die Gruppe als solche ist letztlich aufgrund der Gleichberechtigung der Gruppenmitglieder nicht zielführend. Weisungen zeigen nur dort Wirkung, wo auch Hierarchien bestehen

64 St. Rspr. und wohl h.M., s. statt vieler etwa BAG v. 17.8.2011 – 10 AZR 202/10, Rn. 19 m.w.N.; BeckOGK/*Maschmann*, GewO, § 106 Rn. 42; ErfK/*Preis*, GewO, § 106 Rn. 7; Schaub ArbR-HdB/*Linck*, § 45 Rn. 16.

65 BAG v. 10.11.1992 – 1 AZR 185/92, III.1.b. d. Gründe.

66 *Busemann*, NZA 2015, 705 (708); i.Ü. s. BeckOGK/*Maschmann*, GewO, § 106 Rn. 44 ff. mit zahlreichen Beispielen aus der Rechtsprechung.

67 Vgl. dazu BeckOK-ArbR/*Tillmanns*, GewO, § 106 Rn. 58.

und entsprechende Konsequenzen an die Nichtbefolgung geknüpft sind. Deshalb ist es überzeugend lediglich von einer zeitweiligen Nichtausübung des fachlichen Weisungsrechts durch den Arbeitgeber auszugehen. Dadurch gibt der Arbeitgeber die Zügel nicht gänzlich aus der Hand, zugleich verfügen die agilen Teams aber während der Projektphase über entsprechende Handlungsfreiräume, die erfolgreiches, agiles Arbeiten erst ermöglichen sollen.[68]

III. Auswirkungen des „Verzichts" auf das fachliche Weisungsrecht für das disziplinarische Weisungsrecht

1. Allgemeine Auswirkungen

Die Nichtausübung des fachlichen Weisungsrechts tangiert auch das disziplinarische Weisungsrecht. Während administrative Aufgaben, wie etwa die Gewährung von Urlaub, denkbar auch auf das Team verlagert werden können,[69] werden personalpolitische Entscheidungen, insbesondere personelle Einzelmaßnahmen wie Abmahnungen und Kündigungen, weiterhin Sache des Arbeitgebers bleiben. Allerdings wird die Ausübung des disziplinarischen Weisungsrechts erschwert, je selbstbestimmter die Teams arbeiten.[70] Diese bestimmen nicht nur ihre Arbeitszeit, sondern auch die Inhalte ihrer Arbeit weitgehend selbst. Dadurch schwindet die Kontrolle des Arbeitgebers hinsichtlich der Arbeitsleistung, aber auch hinsichtlich des Verhaltens seiner Arbeitnehmer zunehmend. Die Arbeitnehmer genießen jedoch keinesfalls „Narrenfreiheit". Es bedarf noch immer einer disziplinarischen Kontrolle, die die Einhaltung arbeitsrechtlicher Vorgaben oder die Leistungsbeurteilung umfasst. Wenn die bisherigen Kontroll- und Überwachungsmechanismen unter Umständen nicht mehr wie bisher greifen, sind alternative Gestaltungsansätze notwendig, um diesen Kontrollverlust zu kompensieren. Es ist daher danach zu fragen, welche Kontrollmöglichkeiten dem Arbeitgeber nunmehr bleiben.

2. (Alternative) Kontrollmöglichkeiten des Arbeitgebers

Unabhängig davon, ob es um die Kontrolle der Arbeitszeit oder die der Arbeitsleistung generell geht, wird immer häufiger lediglich auf das Arbeitsergebnis abgestellt – obgleich es sich hierbei nicht um eine Besonderheit handelt, die allein die Arbeit nach der Scrum-Methode mit sich bringt. Vielmehr ist dies

68 In diese Richtung auch *Günther/Böglmüller*, NZA 2019, 273 (275 f.).

69 *Paul*, Gruppenarbeit, S. 9; *Günther/Böglmüller*, NZA 2019, 273 (276).

70 Arnold/Günther ArbR 4.0-HdB/*Arnold/Winzer*, Kapitel 3 Rn. 157.

vielen Arbeitsverhältnissen, insbesondere in Zeiten der Digitalisierung, in der alternative Beschäftigungsformen zunehmen, wesenseigen. Diese Entwicklung führt dazu, dass die Grenzen zwischen Werk- und Dienst- bzw. Arbeitsverträgen weiter verschwimmen. Schließlich ist im Rahmen eines Dienst- bzw. Arbeitsvertrags „nur" die Tätigkeit an sich geschuldet, es kommt gerade nicht auf einen bestimmten Erfolg an.[71] Allerdings nehmen viele Arbeitnehmer dies in Kauf, da der Arbeitgeber ihnen zugleich entgegen kommt, indem er ihnen mehr Freiraum bei der Ausgestaltung ihrer Tätigkeit gibt, so dass diese Arbeit, Familie und Freizeit besser „unter einen Hut" bekommen.

Es geht v.a. um die autonome Gestaltung der Arbeitszeit. Diese Frage stellte sich bereits des Öfteren, etwa in Bezug auf Home Office oder Mobile Office. Inwiefern und auf welche Art und Weise eine Aufzeichnung von Arbeitszeiten künftig erforderlich sein wird, bleibt nach der CCOO-Entscheidung des EuGH[72] abzuwarten.[73] Wenn es dem Arbeitgeber weniger auf die Kontrolle der Arbeitszeit ankommt, obgleich er dafür Sorge zu tragen hat, dass die gesetzlichen Vorschriften des ArbZG eingehalten werden, sondern mehr darauf, dass die Arbeitsleistung an sich stimmt, wird man nicht darum herumkommen, mehr auf Arbeitsergebnisse abzustellen. Eine solche Kontrolle ist beispielsweise über regelmäßige Berichte über Arbeitsfortschritte und bei Bedarf Teilarbeitsergebnisse möglich.[74] Derartige Tätigkeitsnachweise kann der Arbeitgeber verlangen.[75] Im Rahmen von agilem Arbeiten ist daher denkbar, dass die Entwicklungsteams am Ende eines jeden Sprints einen solchen Bericht verfassen. Abgesehen davon, kann das sog. Product Backlog, das ständig angepasst und ergänzt wird, als Tätigkeitsnachweis der Gruppe dienen. Das allein wirkt sich auch nicht negativ auf deren Autonomie aus.

Darüber hinaus ist eine weitere Möglichkeit die Arbeitnehmer durch flexible Entgeltmodelle wie Ziel- und/oder Bonusvereinbarungen einerseits zu kontrollieren, andererseits aber auch zu motivieren. Entgeltflexibilität liegt vor, wenn das Entgelt anstatt mit einer festen Arbeitszeit mit variablen Größen verknüpft wird.[76] In Betracht kommen neben individuellen Zielvereinbarungen, v.a. solche,

---

71 Vgl. *Günther/Böglmüller*, NZA 2015, 1025 (1029).

72 EuGH v. 14.5.2019 – C-55/18 [CCOO].

73 Zu den Auswirkungen der Entscheidung des EUGH (Fn. 70), s. nur *Bayreuther*, NZA 2020, 1; *ders.*, EuZW 2019, 446 m.w.N.

74 Vgl. *Günther/Böglmüller*, NZA 2017, 546 (549 f.) in Bezug auf Remote-Teams.

75 BAG v. 19.04.2007 – 2 AZR 78/06.

76 BakerMcKenzie-Arbeitswelt 4.0/*Lausberg*, S. 51 f.

die sich an der Leistung des Teams orientieren, wenn dieses für die Erreichung des Ziels gemeinsam verantwortlich ist (Teambonus).

B. Zuweisung von Arbeitnehmern kraft Weisungsrecht

Im Hinblick auf den Einsatz in Scrum-Teams stellen sich weitere Fragen im Zusammenhang mit der Ausübung des Weisungsrechts durch den Arbeitgeber. Zunächst einmal muss der Arbeitgeber die Arbeitnehmer aufgrund des ihm zustehenden Weisungsrechts ohne deren Zutun überhaupt wirksam den Scrum-Teams zuweisen können. Doch die Frage nach der wirksamen einseitigen Zuweisung kann nicht ohne weiteres pauschal beantwortet werden, da die Zuweisung kraft Weisungsrecht von mehreren Faktoren begrenzt wird. Zu beachten sind insbesondere die jeweiligen arbeitsvertraglichen Bestimmungen, die die Grundlage, aber auch Grenze des Weisungsrechts bilden.[77] Der Arbeitsvertrag muss nach § 2 Abs. 1 Nr. 5 NachwG jedenfalls eine kurze Beschreibung der zu leistenden Tätigkeit enthalten. Je konkreter die Beschreibung ist, desto weniger Handlungsspielraum kann dem Arbeitgeber letztlich bei der Ausübung seines Weisungsrechts verbleiben.[78] Versetzungsvorbehalte können in diesen Fällen das Weisungsrecht des Arbeitgebers „erweitern".[79] Davon abgesehen findet das Weisungsrecht aber weitere Grenzen in Bestimmungen von Betriebsvereinbarungen oder anwendbaren Tarifverträgen sowie gesetzlichen Vorschriften. Nicht zuletzt muss die Ausübung des Weisungsrechts billigem Ermessen entsprechen (vgl. §§ 106 S. 1 GewO, 315 BGB). Kann der Arbeitgeber aufgrund dieser Faktoren die Arbeitsbedingungen nicht einseitig durch Ausübung seines Weisungsrechts ändern, so ist eine Änderung nur durch eine vertragliche Vereinbarung zwischen den Parteien oder eine Änderungskündigung denkbar.

Bezüglich der Frage, ob ein Arbeitnehmer eine Zuweisung hinnehmen muss, ist stets in die Bewertung einzustellen, ob es sich um eine gleichwertige, mithin nach der Verkehrsauffassung dem Sozialbild der Stelle entsprechende, Tätigkeit handelt.[80]

---

77 BeckOK-ArbR/*Tillmanns*, GewO, § 106 Rn. 11.

78 Küttner Personalbuch/*Griese*, Weisungsrecht Rn. 7; *Preis*, Der Arbeitsvertrag, II D 30 Rn. 35.

79 Küttner Personalbuch/*Poeche*, Versetzung Rn. 2.

80 BAG v. 24.4.1996 – 4 AZR 976/94, II.2. d. Gründe; BAG v. 30.8.1995 – 1 AZR 47/95, II.2.b. d. Gründe; ErfK/*Preis*, GewO, § 106 Rn. 20; Schaub ArbR-HdB/*Linck*, § 45 Rn. 32.

Der Arbeitsvertrag wird selten Angaben zur Anwendung einer bestimmten Arbeitsmethode beinhalten. Und selbst wenn, wird die Einführung agiler Arbeitsmethoden wie der Scrum-Methode zunächst vom Weisungsrecht des Arbeitgebers umfasst sein, so dass dieser einseitig festlegen kann, wie nach der gewählten Methode nunmehr zu verfahren ist. Dies gilt aber nur, solange damit nicht auch ein Rollenwechsel des Arbeitnehmers einhergeht.[81]

Die Einführung der Scrum-Methode führt dazu, dass den Arbeitnehmern, die nunmehr in den Scrum-Teams tätig werden sollen, zum Teil mehr Verantwortung aufgebürdet wird, die anderen jedoch zugleich entzogen wird. In welchen Fällen eine Zuweisung seitens des Arbeitgebers sodann noch zulässig ist, soll anhand verschiedener Fallgruppen geklärt werden.

Zum einen wird es (1) Stellen geben, die auch nach der agilen Transformation im Wesentlichen unverändert bleiben, das bedeutet, dass sich der Inhalt der Tätigkeiten kaum beziehungsweise nur in geringem Maße verändern wird oder solche (2) Stellen, die zwar mit inhaltlichen Veränderungen einhergehen, den Wesensgehalt der Tätigkeit dadurch aber nicht tangieren. Zum anderen wird es aber auch (3) Stellen geben, in deren Fall sich die Inhalte der Tätigkeit erheblich von der bisherigen unterscheiden werden, so dass sich der Wesensgehalt entsprechend verändert sowie schließlich (4) Stellen, die durch die Transformation letztlich sogar obsolet werden.[82]

I. Zuweisung von Arbeitnehmern ohne Führungsverantwortung

Die im Entwicklungsteam eingesetzten Arbeitnehmer, die nicht mit besonderen (Führungs-) Kompetenzen innerhalb ihrer Organisation ausgestattet sind, können grundsätzlich unter alle Fallgruppen fallen. Allerdings ist anzunehmen, dass sie zumeist einer der ersten beiden Gruppen zugeordnet werden können.

Unabhängig von den im Einzelfall zu prüfenden individual- oder kollektivrechtlichen Bestimmungen ist zu klären, inwiefern die Tätigkeit der Arbeitnehmer während ihres Einsatzes im Scrum-Team im Verhältnis zu ihrer bisherigen Tätigkeit noch als gleichwertig anzusehen ist. Die Gleichwertigkeit, unabhängig ob es um die Zuweisung einer höher- oder geringerwertigen Stelle geht, ist stets aufgrund einer wertenden Gesamtbetrachtung vorzunehmen.[83] Hier sind sämtliche Vor- und Nachteile, wie beispielsweise das Berufsbild und das Ansehen,

---

81 *Günther/Böglmüller,* NZA 2019, 273 (277).

82 *Hoffmann-Remy,* DB 2018, 2757 (2760).

83 *Preis,* Der Arbeitsvertrag, II D 30 Rn. 47.

das mit der Tätigkeit einhergeht, als auch die Vergütung, auch wenn diese nicht allein ausschlaggebend sein sollte, miteinzubeziehen.[84]

Eine Zuweisung von Arbeitnehmern, denen bislang keine Führungsverantwortung zugekommen ist, in das Entwicklungsteam wird regelmäßig vom Weisungsrecht des Arbeitgebers gedeckt sein. Der Einsatz wird kaum mit erheblichen inhaltlichen Veränderungen der Tätigkeit einhergehen. Schließlich werden die Arbeitnehmer gerade aufgrund ihrer bisherigen Leistungen und ihres (dadurch erworbenen) Knowhows in das jeweilige Team geholt. Nur so kann eine möglichst hohe Expertise gewährleistet werden. Es ergibt wenig Sinn, wenn man diesen Arbeitnehmern sodann ganz andere Tätigkeitsbereiche zuweist. Die Entwicklungsteams setzen sich aus Experten verschiedener Fachbereiche, etwa Entwicklung, Design und Marketing, zusammen. Jeder soll seine Fähigkeiten bestmöglich einbringen. Es wird aber selten der Fall sein oder verlangt werden, dass etwa ein Entwicklungsingenieur auf einmal Marketingstrategien entwickelt oder umgekehrt ein Marketingmanager in die Entwicklung eines Produktes tiefer einsteigen wird, fehlt ihnen doch jeweils das entsprechende Knowhow. Schließlich ändert auch der Umstand, dass das Produkt nicht mehr aufgrund eines detaillierten Plans, sondern nach und nach entwickelt wird und somit zu Beginn nicht immer feststeht, wie die Tätigkeit im Detail aussehen wird, nichts daran, dass es sich um eine im Wesentlichen gleichwertige Tätigkeit handelt.[85] Dadurch mag die Tätigkeit vielleicht facettenreicher werden, doch wird sie sich nicht gänzlich ändern, so dass dies nur in Ausnahmefällen ein Problem darstellen wird. Ein solcher Ausnahmefall ist allenfalls dann denkbar, wenn der Arbeitsvertrag eine sehr genaue Beschreibung des Tätigkeitsbereichs enthält, die kaum Abweichungen zulässt. Ansonsten scheint eine Zuweisung seitens des Arbeitgebers in diesen Fällen grundsätzlich möglich zu sein.

Allerdings arbeiten die Arbeitnehmer nunmehr autonom(er), wodurch den einzelnen Teammitgliedern im Gegensatz zu ihren bisherigen Stellen, jedenfalls während der Projektdauer, mehr Verantwortung zuteilwird. Dies könnte dazu führen, dass die Tätigkeit als höherwertig, mithin nicht mehr gleichwertig anzusehen ist. Es sind also die Vor- und Nachteile gegeneinander abzuwägen. Zunächst einmal ist die Zuweisung einer höherwertigen Tätigkeit nicht per se nachteilig – im Gegenteil. Allerdings kann es sein, dass Arbeitnehmer eine höherwertige Tätigkeit nicht übernehmen wollen, eben weil damit mehr Verantwortung einhergeht, die sie nicht tragen wollen oder diese Tätigkeit für sie

---

84 *Preis*, Der Arbeitsvertrag, II D 30 Rn. 47.

85 Offen gelassen von *Schreiner*, AuA 2019, 264 (268).

mit rechtlichen Nachteilen verbunden ist.[86] Im Fall der Scrum-Methode steigt zwar die Verantwortung des einzelnen Arbeitnehmers für sein Tun. Diese hat er aber nicht alleine zu schultern, ist er doch seinen Teammitgliedern gleichgestellt, die am Ende auch gleichermaßen für die Ergebnisse einzustehen haben. Zudem wird den Arbeitnehmern durch den Einsatz im Entwicklungsteam keine Personalverantwortung o.ä. zugesprochen, so dass man festhalten muss, dass sich sowohl die Verantwortung als auch die Risiken bei einem solchen Einsatz im Rahmen halten. Zumal es in der digitalisierten Arbeitswelt typisch ist, dass den Arbeitnehmern die Möglichkeit eröffnet wird, flexibler und eigenverantwortlicher zu arbeiten. Auch wenn damit ein Mehr an Verantwortung einhergeht, wird regelmäßig das Maß noch nicht überschritten, um dadurch sogleich von einer höherwertigen Tätigkeit zu sprechen.

Der Einsatz im Entwicklungsteam wird daher für die beschriebenen Arbeitnehmer regelmäßig keine höherwertige Tätigkeit darstellen mit der Folge, dass eine einseitige Zuweisung ins Entwicklungsteam, wenn sich die Tätigkeit wie oben beschrieben nicht im Einzelfall wesentlich verändert, möglich ist. Sollte man jedoch zu dem Ergebnis kommen, dass eine höherwertige Tätigkeit vorliegt, müsste man noch über eine etwaige Anpassung der Vergütung nachdenken. Sofern ein Tarifvertrag auf das Arbeitsverhältnis Anwendung findet, geht mit der Zuweisung einer höherwertigen Tätigkeit in der Regel eine Höhergruppierung des Arbeitnehmers einher.[87] Im Übrigen stellt sich die Frage, ob die Vergütung entsprechend angepasst werden muss, schließlich handelt es sich bei dem Arbeitsverhältnis um ein synallagmatisches Verhältnis, so dass Leistung, d.h. die (sodann höherwertige) Tätigkeit des Arbeitnehmers, und die Gegenleistung, sprich die Vergütungspflicht des Arbeitgebers, in einem angemessenen Verhältnis stehen müssen.[88] Jedoch geht nicht jede höherwertige Tätigkeit zugleich auch mit einer Anpassung der Vergütung nach oben einher. Entscheidend ist, ob es sich dabei um eine qualitative Mehrleistung gegenüber der vertraglich vereinbarten Leistung handelt. Sollte dies der Fall sein, kann auf Basis des § 612 Abs. 1 BGB[89] eine zusätzliche Vergütung verlangt werden, wenn die Leistung der höherwertigen Tätigkeit den Umständen nach nur gegen Vergütung zu erwarten ist.[90] Sind höherwertige Tätigkeiten lediglich vorübergehend

---

86 *Preis*, Der Arbeitsvertrag, II D 30 Rn. 174.

87 *Preis*, Der Arbeitsvertrag, II D 30 Rn. 177.

88 *Preis*, Der Arbeitsvertrag, II D 30 Rn. 172 ff.

89 Zur Frage, ob § 612 Abs. 1 BGB in diesem Zusammenhang unmittelbar oder entsprechend anzuwenden ist, s. H/W/K/*Thüsing*, § 612 Rn. 19 ff. m.w.N.

90 BAG v. 25.3.2015 – 5 AZR 874/12, Rn. 24; MüKo-BGB/*Müller-Glöge*, § 612 Rn. 19 ff.

und/oder kurzfristig zu erledigen, ist in der Regel keine zusätzliche Vergütung zu erwarten.[91] Das kann auch für den nur auf kurze Zeit und nicht regelmäßigen Einsatz in der agilen Organisation gelten. Hier bieten sich ggf. flexible Entgeltmodelle an, variiert der Einsatz der Arbeitnehmer doch des Öfteren in der agilen Arbeitswelt.

Etwas anderes kann auch gelten, wenn mit dem Einsatz eine (dauerhafte) Ortsveränderung einhergeht.[92]

II. Zuweisung von Arbeitnehmern mit Führungsverantwortung

Schwieriger wird die Zuweisung von Arbeitnehmern in Führungspositionen[93], die sich meist in Form von Personalverantwortung zeigt, deren Tätigkeit nunmehr aufgrund des Abbaus von Hierarchieebenen und der damit verbundenen Veränderung der Führungskultur deutlich variieren kann. Diese werden in der Regel nicht mehr „führend" tätig, sondern stehen als Scrum Master dem Entwicklungsteam nur noch beratend zur Seite, mitunter werden sie sogar als Mitglied des Entwicklungsteams wieder operativ tätig. Somit werden sie wohl der vorletzten oder gar letzten Fallgruppe zuzuordnen sein, d.h. die Tätigkeit – sofern sie nicht obsolet wird – kann sich regelmäßig erheblich von der bisherigen unterscheiden.

Entscheidend ist auch hier, ob dieser Rollenwechsel, der vermeintlich mit einem Minus bis hin zum Verlust von Führungsverantwortung, meist in Form von Personalverantwortung, einhergeht, noch vom Weisungsrecht des Arbeitgebers gedeckt ist. Die Frage ist, inwiefern die Führungsverantwortung Inhalt des Arbeitsverhältnisses ist und ob dahingehend ein Anspruch auf vertragsgemäße Beschäftigung besteht. Dies hängt im Wesentlichen vom Arbeitsvertrag und dessen Auslegung im Einzelfall ab. In den meisten Arbeitsverträgen finden sich nur Rollenbeschreibungen ohne weitergehende verbindliche Vereinbarungen zur hierarchischen Einordnung und/oder damit verbundener Führungsverantwortung. Derart weite Tätigkeitsbeschreibungen sind empfehlenswert, um

91 ErfK/*Preis*, BGB, § 612 Rn. 16.

92 Dazu wird auf die allgemeinen Ausführungen zu Veränderungen des Orts der Arbeitsleistung kraft Direktionsrechts verwiesen, s. dazu statt vieler ausführlich BeckOGK/*Maschmann*, GewO, § 106 Rn. 127 ff.

93 Arbeitnehmer in Führungspositionen sind nicht zwingend auch als leitende Angestellte im Sinne des § 5 Abs. 3 BetrVG und/oder § 14 Abs. 2 KSchG einzuordnen. Zur Frage, ob der Scrum Master als leitender Angestellter im Sinne des § 5 Abs. 3 BetrVG zu qualifizieren ist, s. Kapitel 4 – A.II.1.b.

flexible Einsatzmöglichkeiten, die gerade für agiles Arbeiten unverzichtbar sind, zu gewährleisten.[94] Doch auch wenn der Arbeitsvertrag dem Arbeitgeber insofern einen gewissen Spielraum einräumt, können die betroffenen Arbeitnehmer nicht ohne weiteres agilen Teams zugewiesen werden, wenn die Tätigkeit vor und nach dem Rollenwechsel nicht als gleichwertig anzusehen ist. Dies kann sich – neben dem Tätigkeitsinhalt selbst, der sich aber nicht zwingend wesentlich verändern muss – durch den Umfang von Entscheidungsbefugnissen im Hinblick auf Sachmittel oder Personalkapazitäten,[95] aber auch aus betrieblichen Rahmenbedingungen ergeben, wozu die Einordnung der Stelle in die Betriebshierarchie oder der Umfang von Entscheidungsbefugnissen gegenüber anderen Arbeitnehmern und das damit verbundene soziale Ansehen zählt.[96] Die Zuweisung von Arbeitnehmern mit Führungsverantwortung, insbesondere Personalverantwortung, in ein agiles Team, unabhängig davon, ob als Scrum Master oder gar Mitglied des Entwicklungsteams, wird daher meistens eine geringerwertige Tätigkeit darstellen, da diese klassischen Führungsbefugnisse eingeschränkt werden oder gänzlich wegfallen.[97] Selbst wenn die bisherige Vergütung weiterbezahlt wird, ändert dies nichts daran, dass die Tätigkeit geringerwertig und eine Zuweisung damit unzulässig ist.[98]

In den Fällen, in denen eine Zuweisung kraft Weisungsrecht des Arbeitgebers nicht möglich ist, bedarf es zunächst der Erarbeitung einvernehmlicher Lösungen. Sollte dieses Vorgehen nicht den gewünschten Erfolg bringen, steht als ultima ratio nur die Änderungskündigung nach § 2 KSchG als Mittel zur Wahl, die allerdings der sozialen Rechtfertigung im Rahmen des KSchG standhalten muss.[99]

C. Ergebnis des zweiten Kapitels

Die agile Transformation führt durch den Abbau von Hierarchieebenen zu Veränderungen in den Weisungsstrukturen. Auf die Ausübung des fachlichen

94 *Günther/Böglmüller*, NZA 2017, 546 (547).
95 LAG Köln v. 11.12.2009 – 10 Sa 328/09; LAG Hamm v. 9.1.1997 – 17 Sa 1554/96.
96 LAG Rheinland-Pfalz v. 4.12.2013 – 8 Sa 260/13; LAG Köln v. 22.12.2004 – 7 Sa 839/04.
97 *Eufinger/Burbach*, DB 2019, 1147 (1148).
98 St. Rspr. s. nur BAG 16.10.2013 – 10 AZR 9/13, Rn. 24; *Preis*, Der Arbeitsvertrag, II D 30 Rn. 41, 45 ff.; Schaub ArbR-HdB/*Linck*, § 45 Rn. 32.
99 *Eufinger/Burbach*, DB 2019, 1147 (1148); *Günther/Böglmüller*, NZA 2019, 273 (277).

Weisungsrechts wird während der Projektlaufzeit „verzichtet", was letztlich bedeutet, dass dieses für einen bestimmten Zeitraum nicht ausgeübt wird.

Die Nichtausübung des fachlichen Weisungsrechts hat auch Auswirkungen auf das stets beim Arbeitgeber verbleibende disziplinarische Weisungsrecht. Die disziplinarische Kontrolle der Tätigkeit der Arbeitnehmer wird erschwert, wenn diese zunehmend autonom tätig werden. Eine Kontrolle wird vermehrt nur noch über Ergebnisse möglich sein, was das Arbeitsverhältnis wiederum in die Nähe des Werkvertrags rückt. Das ist eine Entwicklung, die es zu beobachten gilt.

Aufgrund des ihm zustehenden Weisungsrechts kann der Arbeitgeber im Rahmen seines Weisungsrechts die Arbeitnehmer, jedenfalls solche ohne Führungsverantwortung, den Scrum-Teams zuweisen, handelt es sich doch nach wie vor um eine im Wesentlichen gleichwertige Tätigkeit. Die Zuweisung von Arbeitnehmern mit Führungsverantwortung hingegen kann hier Schwierigkeiten bereiten. Schließlich wird in den Scrum-Teams nicht mehr wie bisher „geführt". Das „Minus" an Verantwortlichkeit kann zu einer Einordnung der Tätigkeit als geringerwertig führen. Qualifizierungs- und Schulungsmaßnahmen können ein milderes Mittel zu der oft nur schwer zu rechtfertigenden Änderungskündigung sein.

3 Kapitel: Unternehmensübergreifender Einsatz von Arbeitnehmern: Abgrenzung zur (verdeckten) Arbeitnehmerüberlassung und Scheinselbständigkeit

A. Vertragliche Grundlagen agiler Zusammenarbeit

Die in Betracht kommenden vertraglichen Gestaltungsmöglichkeiten der Zusammenarbeit nach der Scrum-Methode sind vielfältig. Die Ausgestaltung bereitet jedoch Schwierigkeiten, was die kontroverse Auseinandersetzung im kautelarjuristischen Bereich am Beispiel der Softwareentwicklung nach der Scrum-Methode zeigt.[100] Auch aus arbeitsrechtlicher Sicht ist die Vertragsgestaltung keinesfalls zu vernachlässigen. Zwar ist für die Beurteilung, ob ein Fall der verdeckten Arbeitnehmerüberlassung oder Scheinselbständigkeit vorliegt, im Zweifel die tatsächliche Durchführung des Vertrags entscheidend. Doch kann durch eine entsprechende Vertragsgestaltung ein solches Risiko erheblich reduziert werden – erst recht, wenn diese sodann konsequent umgesetzt wird.

I. Vertragsbeziehungen im Fall der unternehmensübergreifenden Zusammenarbeit

Die Vertragsgestaltung rückt insbesondere bei der unternehmensübergreifenden Zusammenarbeit nach der Scrum-Methode in den Fokus. Wie bereits geschildert, schließen sich mehrere Unternehmen zusammen, um gemeinsam von einem Scrum-Team ein Produkt entwickeln zu lassen. Somit sind zum einen das Verhältnis zwischen den beteiligten Unternehmen und zum anderen das Verhältnis dieser zu dem oder den eingesetzten Entwicklungsteams zu beleuchten.

1. Verhältnis der beteiligten Unternehmen zueinander

a. Zusammenarbeit auf gesellschaftsrechtlicher Grundlage

Zunächst ist an die Zusammenarbeit auf Basis eines Gesellschaftsvertrags zu denken. Während Gesellschaftsformen wie die Offene Handelsgesellschaft oder

---

100 Arnold/Günther ArbR 4.0-HdB/*Lingemann/Chakrabarti*, Kapitel 2 Rn. 113 m.w.N.

die Gesellschaft mit beschränkter Haftung aufgrund umfangreicher Formerfordernisse in der Praxis kaum vorstellbar sind, bietet sich hier in erster Linie die Bildung einer Gesellschaft bürgerlichen Rechts an.[101] Diese scheint mit den Werten und Prinzipien agilen Arbeitens, wonach die tatsächliche Zusammenarbeit umfangreichen Vertragsverhandlungen vorzuziehen ist, besonders gut vereinbar.[102] Denn die Gründung einer Gesellschaft bürgerlichen Rechts ist an keinerlei Formerfordernisse gebunden. Der ihr zugrunde liegende Gesellschaftsvertrag kann vielmehr sogar konkludent, d.h. auch lediglich aufgrund der – für die Arbeit in den Entwicklungsteams durchaus typischen – intensiven Zusammenarbeit zustande kommen.[103]

Allerdings wird die Entstehung einer Gesellschaft bürgerlichen Rechts oft schon an dem konstitutiven Merkmal der Förderung eines gemeinsamen Zwecks scheitern. Allein die intensive Zusammenarbeit wird dafür nicht in jedem Fall ausreichen. Entscheidend sind die dahinterstehenden Interessen. Es stellt sich die Frage, ob die Zusammenarbeit auf eine gemeinsame Zweckverfolgung abzielt. Zwar wird bisweilen der Entschluss ein bestimmtes Produkt gemeinsam zu entwickeln – ähnlich wie im Fall allgemein bekannter Kooperationen, allen voran der v.a. in der Baubranche existierenden Arbeitsgemeinschaft – als gemeinsamer Zweck anerkannt.[104] Das geht hier jedoch regelmäßig zu weit, da im Gegensatz dazu meistens bloß gleichgerichtete, nicht zum Gegenstand der rechtsgeschäftlichen Bindung gemachte Interessen von den Beteiligten verfolgt werden. Denn auch wenn die Beteiligten sich zusammenschließen, um ein Projekt gemeinsam zu realisieren, stehen sie sich doch meistens nicht gleichberechtigt, sondern vielmehr als Auftraggeber und Auftragnehmer gegenüber und verfolgen letztlich vornehmlich ihre eigenen, mitunter sogar gegensätzliche Interessen.[105] Das zeigt sich besonders gut in der Softwarebranche. Arbeiten mehrere Unternehmen zusammen, so ist das eine Unternehmen beispielsweise an der Entwicklung der Software mit dem Ziel der Markteinführung interessiert, während das andere

101 *Ernst*, CR 2017, 285 (288); *Fuchs/Meierhöfer/Morsbach/Pahlow*, MMR 2012, 427 (430); *Heise/Friedl*, NZA 2015, 129 (136); *Koch*, ITRB 2010, 114 (119); *Kremer*, ITRB 2010, 283 (288); *Lapp*, ITRB 2010, 69 (70).

102 *Frank*, CR 2011, 138 (138 f.); *Heise/Friedl*, NZA 2015, 129 (136); s. auch *Beedle* et al., Agiles Manifest und Agile Prinzipien.

103 MüKo-BGB/*Schäfer*, § 705 Rn. 1.

104 *Frank*, CR 2011, 138 (138 f.); *Heise/Friedl*, NZA 2015, 129 (136); *Lapp*, ITRB 2010, 69 (70).

105 *Fuchs/Meierhöfer/Morsbach/Pahlow*, MMR 2012, 427 (430); in diese Richtung auch *Kühn/Ehlenz*, CR 2018, 139 (143).

die Zusammenarbeit lediglich zum Ausbau seiner Kompetenzen und/oder Referenzen sowie zur Umsatzgenerierung nutzt.[106] Die Interessen der Beteiligten sprechen daher meistens eher für eine Ausgestaltung der Zusammenarbeit in Form eines Austauschvertrags,[107] da der Austausch letztlich nicht Mittel zur Erreichung des Zwecks, sondern vielmehr selbst der Zweck ist.[108] Anders kann der Fall ausnahmsweise liegen, wenn die Beteiligten von Anfang an ein über die intensive Zusammenarbeit hinausgehendes Ziel verfolgen, wie etwa die gemeinsame Markteinführung eines Produktes.[109]

Die Zusammenarbeit in Form einer Gesellschaft bürgerlichen Rechts ist damit nicht ausgeschlossen, wird nur nicht der Regel entsprechen – insbesondere, wenn man die Rechtsfolgen, die die §§ 705 ff. BGB mit sich bringen, betrachtet, die selten mit den Interessen der Beteiligten übereinstimmen.

Zu nennen ist hier die Bildung eines Gesellschaftsvermögens, das der gesamthänderischen Bindung unterliegt (§§ 718 f. BGB). Dazu zählt jedes Produkt, das im Wege der Zusammenarbeit entwickelt wird, mit der Folge, dass die Beteiligten hierüber lediglich gemeinschaftlich verfügen können, was in der Regel nicht gewollt ist.[110] Auch Fragen der gemeinschaftlichen Vertretung und der Haftung, sowohl im Innen- als auch Außenverhältnis, müssten geklärt werden. Die vom Gesetz vorgesehene geteilte Verantwortung der Beteiligten wird vor dem geschilderten Hintergrund meistens nicht den Interessen der beteiligten Unternehmen entsprechen. Dies gilt umso mehr im Fall der regelmäßig favorisierten einseitigen Verwertungsmöglichkeit. Der andere Teil wird kaum ein Interesse daran haben, das Erfolgsrisiko dennoch gleichermaßen mitzutragen.

Nun kann eine Gesellschaft bürgerlichen Rechts zwar auch vorliegen, wenn kein ausdrücklicher Gesellschaftsvertrag geschlossen wurde, da bereits die meist umfassende Beschreibung des Arbeitsauftrags schon ausreichen kann, um eine solche konkludent anzunehmen – vorausgesetzt man geht von dem Vorliegen eines gemeinsamen Zwecks, was im Einzelfall zu prüfen ist, aus. Dann treten aber die eben genannten Rechtsfolgen ein – unter Umständen gegen den Willen der Beteiligten, so dass letztlich doch wieder eine vertragliche Gestaltung notwendig wird.[111] Zwar gibt es zahlreiche Möglichkeiten die ungewünschten

---

106 In diese Richtung auch *Fuchs/Meierhöfer/Morsbach/Pahlow*, MMR 2012, 427 (430).

107 S. dazu sogleich Kapitel 3 – A.I.1.b.

108 Vgl. *Thouvenin*, Der Kooperationsvertrag, S. 484.

109 *Frank*, CR 2011, 138 (139); *Fuchs/Meierhöfer/Morsbach/Pahlow*, MMR 2012, 427 (430).

110 *Frank*, CR 2011, 138 (139); *Fuchs/Meierhöfer/Morsbach/Pahlow*, MMR 2012, 427 (430).

111 S. auch *Heise/Friedl*, NZA 2015, 129 (136 f.).

Folgen vertraglich abzuändern. Diese können auch mit für die Verwertung von Entwicklungsergebnissen typischen Details wie Schutzrechten bzw. Schutzrechtsanmeldungen oder Geheimhaltungsvereinbarungen verbunden werden.[112] Allerdings wird im Fall der Gesellschaft bürgerlichen Rechts sodann ein derart hoher Regelungsbedarf nötig sein, um die Verträge den Interessen der Beteiligten entsprechend anzupassen, da der Großteil der gesetzlichen Bestimmungen der §§ 705 ff. BGB diesen zuwiderlaufen. Zumal das gerade für die Gesellschaft bürgerlichen Rechts sprechende und anfangs bereits genannte Attribut des geringen organisatorischen Aufwands damit weiter in den Hintergrund rückt. Nicht zuletzt wird die Gesellschaft bürgerlichen Rechts auch aufgrund unerwünschter steuerlicher Auswirkungen selten das Mittel der Wahl sein.[113]

Dies sind jedoch Erwägungen, die vorrangig die Vertragsgestaltung leiten. Ob eine Gesellschaft bürgerlichen Rechts tatsächlich vorliegt, ist vielmehr eine Auslegungsfrage im Einzelfall. Mangels gemeinsamer Zweckverfolgung – wie oben beschrieben – wird dies in der Regel jedoch zu verneinen, aber nicht in jedem Fall gänzlich auszuschließen sein.

b. Zusammenarbeit auf werk- oder dienstvertraglicher Grundlage

Mehr spricht daher für eine Zusammenarbeit auf Basis eines Austauschvertrags, namentlich eines Werk- oder Dienstvertrags. Denn wenn sich die Beteiligten zu einer Zusammenarbeit nach der Scrum-Methode zusammenschließen, verfolgen sie – in Abgrenzung zu dem eben dargestellten Gesellschaftsvertrag und für einen Austauschvertrag typisch – meist allenfalls gleichgerichtete, eher sogar gegensätzliche Interessen. Das eine Unternehmen, das beispielsweise am Ende das Produkt nutzen und/oder vermarkten möchte, tritt sodann als Auftraggeber bzw. Besteller, das andere Unternehmen, das durch die Zusammenarbeit lediglich Knowhow vertiefen und Umsatz generieren möchte, als Auftragnehmer bzw. Unternehmer auf. So lag der Fall auch in dem vor dem LG Wiesbaden[114] und in nächster Instanz vor dem OLG Frankfurt[115] verhandelten – bisher zu dieser Thematik aber leider auch einzig bekannten – Fall, in dem es darum ging, eine interaktive Internetplattform im Wege der Scrum-Methode zu erstellen. Die Einordnung als Austauschvertrag stand dabei zu keiner Zeit in Frage, jedoch die Einstufung als Werk- oder Dienstvertrag. Während das LG Wiesbaden noch

---

112 *Frank*, CR 2011, 138 (139).

113 *Kremer*, ITRB 2010, 283 (288); *Lapp*, ITRB 2010, 69 (70).

114 LG Wiesbaden v. 30.11.2016 – 11 O 10/15.

115 OLG Frankfurt v. 17.8.2017 – 5 U 152/16.

einen Werkvertrag annahm, da es von der Konzeptionshoheit des Auftraggebers einerseits und der Ausführungsverantwortlichkeit des Auftragnehmers andererseits ausging, ließ das OLG Frankfurt diese Frage offen, da es für den in Frage stehenden Vergütungsanspruch darauf nicht ankam. Die vertragliche Einordnung ist auch bereits vielfach Ausgangspunkt juristischer Diskussionen gewesen – insbesondere im Bereich der Softwareentwicklung, anhand derer nun auch im Weiteren vorgegangen werden soll.

Bislang wurden Softwareentwicklungsverträge, die nach den bisherigen Arbeitsmethoden, den sog. Phasenmodellen, abgewickelt wurden, in der Regel als Werkverträge eingestuft.[116] Dies wird im Fall des Einsatzes agiler Arbeitsmethoden aufgrund der iterativen, d.h. schrittweisen, Herangehensweise ohne ein von Anfang an im Detail spezifiziertes Ziel nun hinterfragt. Die Diskussion bekam durch die eben genannten Urteile einmal mehr Aufwind.[117]

Die Abgrenzung zwischen Werk- und Dienstvertrag erfolgt in erster Linie anhand des Leistungsgegenstands. Darüber hinaus können weitere Kriterien für die Abgrenzung von Bedeutung sein wie die Berechtigung zum Ausspruch von Weisungen, die Verantwortlichkeit des Auftraggebers oder -nehmers sowie die Art der Vergütung. Letztlich bedarf es immer einer Gesamtbetrachtung, die sich über den Wortlaut der Vereinbarung hinaus, auch an den Interessen der Beteiligten sowie den Umständen zum Zeitpunkt des Abschlusses der Vereinbarung zu orientieren hat.[118] Auch wenn die Vertragsgestaltung aufgrund der zahlreichen Ausprägungen der Scrum-Methode stets im Einzelfall beurteilt werden muss, soll anhand der eben genannten Kriterien eine Einschätzung vorgenommen werden, welcher Vertragstyp sich besser zur Umsetzung in der Praxis eignet.

aa. Werkvertragliche Grundlage

Überwiegend wird die Anwendung von Werkvertragsrecht bei der Zusammenarbeit nach der Scrum-Methode befürwortet.[119]

---

116 BeckOGK/*Lutzenberger*, BGB, § 631 Rn. 662 ff.

117 OLG Frankfurt v. 17.8.2017 – 5 U 152/16; LG Wiesbaden v. 30.11.2016 – 11 O 10/15.

118 MüKo-BGB/*Busche*, § 631 Rn. 16 ff.

119 Zur Einordnung als Werkvertrag *Kremer*, ITRB 2010, 283; *Fuchs/Meierhöfer/Morsbach/Pahlow*, MMR 2012, 427; *Winstel/Karsten*, AuA 2017, 400 (402); *Witte*, ITRB 2010, 44.

(1) Abgrenzung vom Dienstvertrag aufgrund des Leistungsgegenstands

Dreh- und Angelpunkt bei der Abgrenzung ist die Bestimmung des Leistungsgegenstands. Im Fall des Werkvertrags ist ein Erfolg, mithin die Herstellung eines vertraglich vereinbarten Werks, geschuldet. Bisweilen wird kritisiert, dass es im Fall der Zusammenarbeit nach der Scrum-Methode an einem abgrenzbaren oder zu Beginn der Vertragsbeziehung hinreichend konkretisierten Vertragsgegenstand fehle.[120] Dem kann jedoch aus mehreren Gründen entgegengetreten werden.

Zunächst ergeben sich aus den allgemeinen Vorschriften des Werkvertragsrechts keine besonderen Anforderungen in Bezug auf die Konkretisierung des Leistungsgegenstands. Diesen können die Vertragsparteien vielmehr ihrem Willen entsprechend festlegen.[121] Es ist also nicht zwingend erforderlich, dass das Werk bereits zu Beginn der Zusammenarbeit nach der Scrum-Methode abschließend spezifiziert, d.h. im Detail beschrieben, sein muss. Es reicht vielmehr aus, wenn dieses – dem Willen der Vertragsparteien entsprechend, die sich zumeist auf die Entwicklung eines funktionierenden Endprodukts einigen und nicht lediglich Interesse an einer zwar nach der Scrum-Methode abgewickelten, aber im Ergebnis erfolglosen Zusammenarbeit haben werden[122] – umrissen ist.

Das Projekt oder Produkt wird auch nicht „ins Blaue hinein" abgewickelt bzw. entwickelt, bestehen doch auch nach der Scrum-Methode zu Beginn gewisse Vorgaben, die im Product Backlog eingetragen sind und mithin Konkretisierungen des Leistungsgegenstands darstellen.[123] Zudem gibt es bisweilen Fälle, die nach den bisherigen, nicht agilen Arbeitsmethoden abgewickelt wurden und in denen die Leistungsbeschreibung Lücken aufweist, erst nachträglich erstellt wird oder sogar gänzlich fehlt.[124] Sodann wird, wenn die Vertragsparteien nicht im Einzelnen vereinbart haben, was das noch zu entwickelnde Produkt zu leisten vermag, unter Berücksichtigung des vertraglichen Zwecks dem Stand der Technik entsprechend auf einen mittleren Ausführungsstandard verwiesen.[125] Es ist nicht ersichtlich, warum nicht auch im Fall der agilen Herangehensweise im

---

120 So und i.E. für die Anwendung von Dienstvertragsrecht *Hengstler*, ITRB 2012, 113; *Koch*, ITRB 2010, 114 (119).

121 MüKo-BGB/*Busche*, § 631 Rn. 66.

122 *Kühn/Ehlenz*, CR 2018, 139 (141).

123 *Fuchs/Meierhöfer/Morsbach/Pahlow*, MMR 2012, 427 (429).

124 Schneider/v. Westphalen/*Schneider*, Software-Entwicklungsverträge, Teil C Rn. 142.

125 BGH v. 16.12.2003 – X ZR 129/01.

Zweifel entsprechend verfahren werden sollte, ohne die Einordnung als Werkvertrag deshalb unmittelbar in Zweifel zu ziehen.[126]

Darüber hinaus zeigt ein Vergleich mit dem nunmehr in § 650p BGB niedergelegten und damit explizit dem Werkvertragsrecht zuzuordnenden Architektenvertrag, dass es zum Zeitpunkt des Vertragsschlusses noch nicht zwingend einer detaillierten Leistungsbeschreibung bedarf. Denn der Architektenvertrag enthält auch sowohl werk- als auch dienstvertragliche Besonderheiten. Die Leistungen des Architekten sind bei Vertragsschluss zwar im Grundsatz, aber noch nicht vollumfänglich festgelegt, da diese schließlich auch von den Wünschen, Bedürfnissen und Möglichkeiten des Bauherrn abhängen – ähnlich der des Auftraggebers bzw. des an dessen Stelle agierenden Product Owners im Fall der agilen Zusammenarbeit. Dennoch hatte weder die Rechtsprechung noch der herrschende Teil der Literatur bis zur gesetzlichen Verankerung dieses Vertragstyps Zweifel an der Einordnung als Werkvertrag bzw. der Wirksamkeit eines solchen.[127]

Schließlich ist vom Vorliegen eines Werkvertrags nach Ansicht des BGH grundsätzlich auch dann auszugehen, wenn der Leistungsgegenstand in der Planungsleistung zu sehen ist, die derart dominiert, dass sie den Schwerpunkt des Vertrags bildet. Dies ist etwa der Fall, wenn es um die planerische Lösung eines konstruktiven Problems geht.[128] Ebenso liegt der Fall auch bei der agilen Herangehensweise. Denn im Gegensatz zu Projekten, die nach bisherigen Methoden abgewickelt und in mehrere Phasen, insbesondere eine Planungs- und anschließende Realisierungsphase, eingeteilt werden, verschmelzen diese Phasen bei der agilen Herangehensweise miteinander. Die Planung stellt einen integralen Bestandteil des Entwicklungsprozesses dar, weshalb nach dieser Rechtsprechung ebenfalls die Anwendung von Werkvertragsrecht zu befürworten ist.[129]

(2) Weitere Abgrenzungskriterien

Darüber hinaus haben sich weitere Abgrenzungskriterien herausgebildet, die zwar – jedes für sich genommen – nicht unbedingt durchschlagende Wirkung

---

126 *Kremer*, ITRB 2010, 283 (286); krit., i.E. aber auch für die Einordnung als Werkvertrag Schneider/v. Westphalen/*Schneider*, Software-Entwicklungsverträge, Teil C Rn. 113 ff.

127 Zur Einordnung des Architektenvertrags als Werkvertrag s. MüKo-BGB/*Busche*, § 650p Rn. 14 m.w.N.

128 BGH v. 23.7.2009 – VII ZR 151/08, Rn. 25.

129 Arnold/Günther ArbR 4.0-HdB/*Lingemann/Chakrabarti*, Kapitel 2 Rn. 118; *Fuchs/Meierhöfer/Morsbach/Pahlow*, MMR 2012, 427 (432); *Witte*, ITRB 2010, 44 (47).

haben, im Rahmen der vorzunehmenden Gesamtbetrachtung indes zu berücksichtigen sind.[130]

(a) Die Anweisungsberechtigung kann ein gewichtiges Indiz zur Abgrenzung von Werk- und Dienstvertrag sein und ist zudem im Hinblick auf die verdeckte Arbeitnehmerüberlassung von Bedeutung.[131] Sowohl im Falle des Werk- als auch Dienst- oder Arbeitsvertrags kommt es zum Ausspruch von (An-)Weisungen. Dass es zu Weisungen kommen kann, liegt nahe, denn Änderungen, mithin auch Konkretisierungen, hinsichtlich des Projekts oder Produkts werden nach der Scrum-Methode eher die Regel als die Ausnahme darstellen.[132] Doch Weisung ist nicht gleich Weisung. Hier ist zwischen dem dienst- und arbeitsvertraglichen Weisungsrecht und dem werkvertraglichen Anweisungsrecht im Sinne des § 645 Abs. 1 S. 1 BGB zu unterscheiden.

Dienst- und arbeitsvertragliche Weisungen umfassen insbesondere Anweisungen zur konkreten Ausübung der dienst- oder arbeitsvertraglich geschuldeten Tätigkeit, umfassen also Dienst- bzw. Arbeitszeit und -ort sowie Inhalt der Dienst- oder Arbeitsleistung.[133] Dagegen handelt es sich um werkvertragliche (An-)Weisungen, wenn diese gegenständlich begrenzt, mithin auf die zu erbringende Werkleistung bzw. das Arbeitsergebnis bezogen, sind.[134] Während dienst- und arbeitsrechtliche Weisungen also personenbezogen und ablauf- bzw. verfahrensorientiert sind, sind werkvertragliche (An-)Weisungen sachbezogen und ergebnisorientiert.[135] Im Ergebnis wird es sich entweder um eine dienst- bzw. arbeitsrechtliche oder werkvertragliche Weisung handeln, schließen diese doch grundsätzlich einander aus.[136]

In der Praxis gestaltet sich die Abgrenzung indes schwierig, da sich die Weisungen nicht immer trennscharf voneinander unterscheiden lassen. Dies liegt nicht zuletzt an dem von der Rechtsprechung doch sehr weit gefassten Anwendungsbereich werkvertraglicher Weisungen, weshalb diese Ansicht auch in der Literatur auf Widerstand gestoßen ist.[137] Das Recht nach § 645 Abs. 1 S. 1 BGB umfasst Weisungen, durch die Art, Reihenfolge und Inhalte einzelner Werkleistungen im Rahmen der zuvor vereinbarten Leistungsgegenstände

130 MüKo-BGB/*Busche*, § 631 Rn. 19.
131 S. Kapitel 3 – B.
132 *Kremer*, ITRB 2010, 283 (285).
133 *Günther/Böglmüller*, NZA 2017, 546 (547).
134 BAG v. 30.1.1991 – 7 AZR 497/89, IV.1. d. Gründe.
135 Küttner Personalbuch/*Röller*, Werkvertrag Rn. 7.
136 Krit. S/H/*Hamann*, AÜG, § 1 Rn. 104 f.
137 Statt vieler s. S/H/*Hamann*, AÜG, § 1 Rn. 105 ff. m.w.N.

festgelegt werden. Weisungen bezüglich regelmäßiger gemeinsamer Teambesprechungen, die lediglich den gegenwärtigen Stand des zu entwickelnden Produkts betreffen und die weitere Vorgehensweise klären sollen, sind regelmäßig als werkvertragliche Weisungen zu qualifizieren[138] – jedenfalls sofern diese nur der Qualitätskontrolle und -sicherung dienen.[139] Die Grenze zur dienst- bzw. arbeitsrechtlichen Weisung wird regelmäßig erst überschritten, wenn dadurch die vom Dienstverpflichteten bzw. Arbeitnehmer zu erbringende Leistung bestimmt wird.[140] Besonders kritisch wird die Situation, wenn werkvertragliche Weisungen zeitlich-örtliche Vorgaben implizieren (sog. Doppelfunktionalität von Weisungen).[141]

Im Fall der Zusammenarbeit nach der Scrum-Methode werden hier besonders Besprechungen und anderweitige Interaktionen mit dem Product Owner, infolge derer das Product Backlog entsprechend aktualisiert und angepasst wird, in den Fokus rücken. Der Product Owner ist nach dem Gedanken agilen Arbeitens nach der Scrum-Methode gehalten, lediglich werkbezogene Anweisungen zu erteilen, nicht aber solche zu Zeit, Ort und Inhalt in Bezug auf die Tätigkeit des Entwicklungsteams während der einzelnen Entwicklungsphasen. Im Idealfall sollte es sich deshalb lediglich um werkvertragliche Anweisungen, nicht aber dienst- oder gar arbeitsrechtliche Weisungen handeln. Auch unter dem Gesichtspunkt des Anweisungsrechts spricht somit mehr für eine Ausgestaltung der unternehmerischen Zusammenarbeit nach der Scrum-Methode als Werkvertrag.

(b) Ein weiterer wesentlicher Punkt zur Abgrenzung zwischen Werk- und Dienstvertrag in der Praxis ist die Verantwortlichkeit für das Vertragsgeschehen. Während die Verantwortlichkeit im Fall des Werkvertrags vorrangig beim Auftragnehmer liegt, verhält es sich im Fall des Dienstvertrags entsprechend andersherum.[142] Für den Auftragnehmer stellt es ein erhebliches Risiko dar, wenn das geschuldete Werk zu Beginn nicht konkret feststeht. Allerdings ist eine derartige Risikoverteilung durchaus annehmbar, wenn man berücksichtigt, dass der Auftragnehmer regelmäßig über das Knowhow verfügt, ein entsprechendes Werk zu erstellen, würde er den Auftrag sonst doch ohnehin kaum annehmen. Darüber

138 S/H/*Hamann,* AÜG, § 1 Rn. 205.

139 Küttner Personalbuch/*Röller,* Werkvertrag Rn. 7.

140 BAG v. 30.1.1991 – 7 AZR 497/89, IV.1. d. Gründe.

141 *Günther/Böglmüller,* NZA 2019, 417 (419); *Hamann,* NZA-Beilage 2014, 3 (6 f.); *Heise/Friedl,* NZA 2015, 129 (134); *Maschmann,* NZA 2013, 1305 (1309).

142 MüKo-BGB/*Busche,* § 631 Rn. 19.

hinaus können derartige Probleme im Rahmen der Vertragsgestaltung berücksichtigt werden, etwa in der preislichen Kalkulation.[143]

(c) Die Vergütungsart kann teilweise als Abgrenzungskriterium herangezogen werden. Wenn bisweilen allerdings angeführt wird, dass sich die Vergütung im Fall des Dienstvertrags nach der Zeit, die für die Tätigkeit aufgewendet wird und im Fall des Werkvertrags nach der erbrachten Leistung bemisst,[144] kann dem in dieser Allgemeinheit nicht gefolgt werden. Denn es gibt inzwischen zahlreiche Urteile, die besagen, dass eine Vergütung nach Zeitabschnitten der Einordnung als Werkvertrag nicht entgegensteht.[145] Deshalb verliert dieses Merkmal an Bedeutung. Dies gilt umso mehr im Hinblick auf die Zusammenarbeit nach der Scrum-Methode als hier sowohl eine Abrechnung nach Zeit als auch nach Leistung, mitunter auch in Kombination denkbar ist. Seltener wird nach Auftrag abgerechnet. Letztere Möglichkeit ist aufgrund des ungewissen Ablaufs und damit zusammenhängenden Aufwands eher unüblich.[146]

bb. Dienstvertragliche Grundlage

Demgegenüber wird die Zusammenarbeit auf Grundlage eines Dienstvertrags bisweilen als sachgerecht angesehen.[147] Im Rahmen eines Dienstvertrages rückt die Tätigkeit, d.h. die Entwicklungsarbeit an sich, in den Vordergrund. Es kommt weniger auf das Ergebnis an. Zumeist wird von diesen Stimmen die fehlende Konkretisierung des Leistungsgegenstands zur Ablehnung der Anwendung des Werkvertragsrechts angeführt. Dies ist aufgrund der bereits oben zum Leistungsgegenstand gemachten Ausführungen zweifelhaft. Zumal sich die Frage stellt, wer am Ende eines solchen Projekts nicht auch einen Erfolg, mithin ein Werk, etwa eine funktionsfähige Software, erwartet. Auch im Übrigen spricht mehr für die Ausgestaltung als Werkvertrag, wie sich eben zeigte. Allerdings kann eine dienstvertragliche Ausgestaltung im Einzelfall gewünscht sein, etwa wenn dem Auftragnehmer Beratungs-, Informations- und Koordinierungsleistungen

---

143 *Fuchs/Meierhöfer/Morsbach/Pahlow*, MMR 2012, 427 (429).

144 MüKo-BGB/*Busche*, § 631 Rn. 19.

145 BGH v. 6.6.2013 – VII ZR 355/12, Rn. 12; BGH v. 17.4.2009 – VII ZR 164/07 (KG), Rn. 16 ff.; OLG München v. 21.4.2015 – 18 U 18/14; OLG Düsseldorf v. 18. 7. 1997 – 22 U 3/97; MüKo-BGB/*Busche*, § 631 Rn. 19.

146 Arnold/Günther ArbR 4.0-HdB/*Lingemann/Chakrabarti*, Kapitel 2 Rn. 110.

147 *Heise/Friedl*, NZA 2015, 129 (135), die den Dienstvertrag jedenfalls als „gangbaren Weg“ bezeichnen, der aber einer besonders sorgfältigen Ausgestaltung aufgrund der Nähe zur Arbeitnehmerüberlassung bedarf; i.Ü. *Hengstler*, ITRB 2012, 113; *Koch*, ITRB 2010, 114 (119).

übertragen werden, die lediglich als Unterstützungshandlungen des Auftraggebers anzusehen sind. In allen anderen Fällen wird eine Einordnung als Dienstvertrag den Interessen des Auftraggebers aber nicht entsprechen, etwa aufgrund der Risikoverteilung zu seinen Lasten.[148]

c. Praktische Gestaltungsmöglichkeiten

Nun stellt sich die Frage, wie Verträge, die die Zusammenarbeit mehrerer Unternehmen nach der Scrum-Methode regeln, auszugestalten sind. Die Frage sollte weniger lauten, ob ein Werk- oder Dienstvertrag vorliegt, sondern vielmehr, ob ein Werk- oder Dienstvertrag von den Beteiligten gewollt ist.[149] Durch einen sorgfältig gestalteten Werkvertrag lässt sich die Abgrenzung zur verdeckten Arbeitnehmerüberlassung unter Umständen deutlicher gestalten als durch einen Dienstvertrag.[150]

Die Praxis ist inzwischen dazu übergegangen, typengemischte Verträge mit dienst- und werkvertraglichen Elementen abzuschließen.[151] Meistens werden Rahmen(dienst-)verträge geschlossen, in denen zunächst die Herangehensweise abstrakt beschrieben wird. Im Rahmen dieses Vertrags schließen die Parteien sodann immer zu Beginn einer Entwicklungsphase einzelne Werkverträge, in denen die entsprechenden Ziele bzw. Erfolge, die erarbeitet und auch entsprechend im Product Backlog niedergelegt, ergänzt und verändert werden sollen, festgelegt werden. Allerdings ist darauf zu achten, dass das Gesamtwerk nicht in kleinste Teile zerlegt wird, ist dies doch mit dem Werkvertragsrecht wieder unvereinbar.[152] Häufen sich agile Projekte und etabliert sich eine einheitliche Herangehensweise im Unternehmen, so ist auch die Verwendung von vorgefertigten Vertragsformularen denkbar.[153]

---

148 *Frank,* CR 2011, 138 (139 f.).

149 *Kühn/Ehlenz,* CR 2018, 139 (142).

150 *Winstel/Karsten,* AuA 2017, 400 (402).

151 *Frank,* CR 2011, 138 (140 ff.); *Günther/Böglmüller,* NZA 2019, 417 (420); *Lutz/Bach,* BB 2017, 3016 (3018 f.); *Schenck,* MMR 2019, 139 (139); *Welkenbach,* CR 2017, 639 (644).

152 BeckOK-ArbR/*Kock,* § 1 AÜG Rn. 62; *Winstel/Karsten,* AuA 2017, 400 (402).

153 Vgl. *Bortz,* MMR 2018, 287 (291 f.); ein Vertragsmuster für ein agiles Softwareprojekt mit Anmerkungen findet sich bei *Schenck,* MMR 2019, 139 (140 ff.).

2. *Vertragsbeziehungen im Verhältnis Unternehmen zu Entwicklungsteam*

Wie bereits zu Beginn dargestellt, ist neben dem Verhältnis der beteiligten Unternehmen zueinander auch das Verhältnis der Unternehmen zu den Entwicklungsteams zu beleuchten. Die vertragliche Grundlage ist abhängig von der Ausgestaltung und Zusammensetzung des Entwicklungsteams im Einzelfall. Verschiedene Konstellationen sind hier denkbar:[154]

Zum einen kann sich ein Entwicklungsteam lediglich aus Arbeitnehmern des einen oder anderen Unternehmens, d.h. des Auftraggebers oder -nehmers zusammensetzen. Aus praktischer Sicht ist darauf zu achten, in welchem Lager der Product Owner steht, der ggf. (An-)Weisungen ausspricht, um die arbeitsrechtlichen Gefahren zu minimieren. Unabhängig davon stellt jedenfalls der zwischen Auftraggeber oder -nehmer und den jeweiligen Arbeitnehmern geschlossene Arbeitsvertrag die vertragliche Grundlage dar.

Darüber hinaus wird oft eine Zusammenarbeit der Arbeitnehmer des Auftraggebers und - nehmers favorisiert, um durch das vorhandene Knowhow einen höchstmöglichen Ertrag aus der Zusammenarbeit zu schöpfen. Die Zusammenarbeit kann dann auf Basis von Dienst- oder Werkverträgen sowie Arbeitnehmerüberlassungsverträgen erfolgen. Zwischen den Unternehmen und ihren Arbeitnehmern dient wieder der Arbeitsvertrag als Grundlage. Gerade hier besteht dann aber, insbesondere aufgrund der für agile Arbeitsmethoden typischen engen und vom ständigen Austausch geprägten Zusammenarbeit der Teammitglieder, die Gefahr der verdeckten Arbeitnehmerüberlassung.[155]

Um dieser Gefahr zu entgehen, wird deshalb bisweilen auch vermehrt auf den Einsatz von Selbständigen, die aufgrund von Dienst- oder Werkverträgen tätig werden, gesetzt. Allerdings ist hier die Gefahr der Scheinselbständigkeit nicht zu unterschätzen.[156]

II. Zusammenfassung

Die Vertragsgestaltung im Fall der unternehmensübergreifenden Zusammenarbeit stellt die Praxis vor Herausforderungen. Zu berücksichtigen sind einerseits das Verhältnis der beteiligten Unternehmen zueinander und andererseits

---

154 Zu den einzelnen Konstellationen s. Arnold/Günther ArbR 4.0-HdB/*Lingemann/Chakrabarti*, Kapitel 2 Rn. 119.

155 Dazu sogleich s. Kapitel 3 – B.

156 Dazu sogleich s. Kapitel 3 – C.

das Verhältnis dieser zu den Entwicklungsteams. Die unternehmensübergreifende Zusammenarbeit nach der Scrum-Methode lässt sich dabei nicht ohne weiteres einem bestimmten im Gesetz vorgesehenen Vertragstypus zuordnen. Dementsprechend bedarf es zumeist Rahmenregelungen, die sowohl dienst- als auch werkvertragliche Elemente beinhalten. Eine gesellschaftsrechtliche Regelung zwischen den Unternehmen scheidet indes aus, als diese keinesfalls mit den Interessen der Beteiligten zu vereinbaren ist, insbesondere aufgrund der damit einhergehenden „Verförmlichung" der Zusammenarbeit. In Bezug auf das Entwicklungsteam ergeben sich zahlreiche Gestaltungsmöglichkeiten. Hier besteht im Fall des Einsatzes von Entwicklungsteams, die sich aus Arbeitnehmern mehrerer Unternehmen zusammensetzen, die Gefahr der verdeckten Arbeitnehmerüberlassung und im Fall des (zusätzlichen) Einsatzes von Selbständigen, die Gefahr der Scheinselbständigkeit aufgrund der für das Arbeiten nach der Scrum-Methode typischen intensiven Zusammenarbeit.

B. Verdeckte Arbeitnehmerüberlassung

I. Arbeitnehmerüberlassungsverträge als Mittel der Wahl?

Die Einbindung von Arbeitnehmern anderer Unternehmen, sei es aufgrund eines Mangels an vorhandenen Kapazitäten oder des erforderlichen Knowhows, kann mittels eines Arbeitnehmerüberlassungsvertrags sowie eines Werk- oder Dienstvertrags abgewickelt werden.[157]

Zwar ist eine Einbindung von Arbeitnehmern externer Unternehmen aufgrund eines Arbeitnehmerüberlassungsvertrags durchaus denkbar, wird aber dennoch selten das Mittel der Wahl sein. Die Verschärfungen im Rahmen der AÜG-Reform 2017[158] und die damit verbundenen Risiken, etwa die in § 1 Abs. 1b S. 1 AÜG geregelte Überlassungshöchstdauer sowie der in § 8 Abs. 1 S. 1 AÜG niedergelegte Equal-Pay-Grundsatz, der jedenfalls im Fall länger andauernder Projekte zu einem erheblichen Kosten- und Verwaltungsaufwand führen kann, haben dazu geführt, dass die Arbeitnehmerüberlassung den Interessen der Parteien regelmäßig nicht entsprechen wird.[159] Bereichsausnahmen werden indes

157 Arnold/Günther ArbR 4.0-HdB/*Lingemann/Chakrabarti*, Kapitel 2 Rn. 119; *Ferme/Schütt/Staneff*, SPA 2019, 53 (54 f.); *Winstel/Karsten*, AuA 2017, 400 (401).

158 Gesetz zur Änderung des Arbeitnehmerüberlassungsgesetzes und anderer Gesetze v. 21.2.2017, BGBl. I 2017, S. 258 (258 ff.).

159 Arnold/Günther ArbR 4.0-HdB/*Lingemann/Chakrabarti*, Kapitel 2 Rn. 119; *Ferme/Schütt/Staneff*, SPA 2019, 53 (55); *Winstel/Karsten*, AuA 2017, 400 (401).

nicht in Betracht kommen, so dass die allgemeinen Regeln zur Arbeitnehmerüberlassung greifen würden.

1. Bereichsausnahmen

Die hier vorgestellte Zusammenarbeit nach der Scrum-Methode stellt keine Konstellation dar, die dem AÜG erst überhaupt nicht unterfällt – etwa aufgrund einer Bereichsausnahme oder Privilegierung der Zusammenarbeit.

a. Generelle Bereichsausnahme im Rahmen der AÜG-Reform 2017

Die Reform des AÜG im Jahre 2017 bringt keine Bereichsausnahme für Projektarbeit, wie sie v.a. in der Beratungs- und IT-Branche vorkommt, mit sich.[160] Dafür spricht zwar zunächst die Beschlussempfehlung des Ausschusses für Arbeit und Soziales vom 19.10.2016[161], in der es heißt:

> *„Das Gesetz ziele nicht darauf ab, die unternehmerische Tätigkeit beispielsweise von Beratungsunternehmen einzuschränken. Die Neuregelung solle dem sachgerechten Einsatz von Werk- und Dienstverträgen in den zeitgemäßen Formen des kreativen oder komplexen Projektgeschäfts nicht entgegenstehen, wie sie zum Beispiel in der Unternehmensberatungs- oder IT-Branche in Optimierungs-, Entwicklungs- und IT-Einführungsprojekten anzutreffen seien."*

Darüber hinaus wird darin unter Verweis auf die Rechtsprechung des BAG darauf hingewiesen, dass die örtliche Einbindung in die Organisation eines Fremdunternehmens per se noch keine persönliche Abhängigkeit gegenüber diesem begründet.

Wer daraufhin für eine Bereichsausnahme plädiert, übersieht jedoch einen wesentlichen Satz in der Beschlussempfehlung. Denn hier heißt es weiter:

> *„Auch für solche Einsätze und für die Tätigkeit von Beratern sollen die allgemeinen Grundsätze zur Abgrenzung zwischen Dienst- und Werkleistungen auf der einen und Arbeitnehmerüberlassung auf der anderen Seite weiterhin zur Anwendung kommen."*

Gegen die Annahme einer Bereichsausnahme für die genannten Bereiche spricht auch, dass sich dafür keinerlei Anhaltspunkte im Gesetz finden. Die Bereichsausnahmen sind abschließend in § 1 Abs. 3 AÜG geregelt. Eine derartige Bereichsausnahme wäre darüber hinaus auch nicht mit dem Unionsrecht, namentlich § 1 Abs. 2 der Richtlinie 2008/104/EG des Europäischen Parlaments und des Rates

---

160 So S/H/*Hamann*, AÜG, § 1 Rn. 204; *Winstel/Karsten*, AuA 2017, 400 (400); a.A. *Henssler*, RdA 2017, 83 (90 f.).

161 BT-Drs. 18/10064, S. 14.

vom 19.11.2008 über Leiharbeit, vereinbar, wonach die Ausübung jedweder wirtschaftlichen Tätigkeit, sogar unabhängig davon, ob Erwerbszwecke verfolgt werden oder nicht, erfasst werden soll, was hier stets anzunehmen sein wird.[162]

b. Bereichsausnahme nach § 1 Abs. 3 AÜG

Vom Fall der Konzernleihe (§ 1 Abs. 3 Nr. 2 AÜG) einmal abgesehen, kommt insbesondere eine Ausnahme nach § 1 Abs. 3 Nr. 2a AÜG nicht in Betracht. Demnach ist die Überlassung von Arbeitnehmern vom Anwendungsbereich des AÜG ausgenommen, wenn diese nur gelegentlich erfolgt und die Arbeitnehmer nicht zum Zweck der Überlassung eingestellt und beschäftigt sind.

Hier stellt sich die Frage, wann eine Überlassung „gelegentlich" erfolgt. Dabei handelt es sich um einen unbestimmten Rechtsbegriff, der einen erheblichen Auslegungsspielraum zulässt. In der Literatur haben sich daher zahleiche Ansätze zur Bestimmung dieses Begriffs herausgebildet.[163] Gemein ist diesen, dass es weniger auf die Dauer als vielmehr auf die Umstände der Überlassung ankommt. Erfasst werden sollen Ausnahmefälle, wie etwa die Abdeckung eines kurzfristig auftretenden Spitzenbedarfs eines anderen Unternehmens.[164] In jedem Fall sollen im Voraus und längerfristig geplante sowie insbesondere wiederkehrende Einsätze nicht unter den Ausnahmetatbestand nach § 1 Abs. 3 Nr. 2a AÜG fallen.[165] Zumal an das Vorliegen der Voraussetzungen aufgrund des generellen Ausnahmecharakters des § 1 Abs. 3 AÜG sowie des Schutzzwecks der Norm, nämlich einen Ausgleich zu schaffen für insbesondere gemeinnützige Organisationen und Betriebe, die erst aufgrund der im Rahmen der AÜG-Reform 2011 erweiterten Erlaubnispflicht unter das Gesetz fallen, strenge Anforderungen zu stellen sind.[166]

Bezogen auf den unternehmensübergreifenden Einsatz von Arbeitnehmern nach der Scrum-Methode ist festzuhalten, dass dieser allenfalls in Einzelfällen unter den Anwendungsbereich dieses restriktiv auszulegenden Tatbestands des § 1 Abs. 3 Nr. 2a AÜG fallen wird. Das hängt letztlich nicht mit der Wahl der

---

162 S/H/*Hamann*, AÜG, § 1 Rn. 204.

163 S. etwa BeckOK-ArbR/*Kock*, AÜG, § 1 Rn. 225; Boemke/Lembke/*Lembke*, AÜG, § 1 Rn. 239 ff.; ErfK/*Wank*, AÜG, § 1 Rn. 91; S/H/*Hamann*, AÜG, § 1 Rn. 676 ff.; Ulber/*Ulber J.*, AÜG, § 1 Rn. 500 f.; *Evermann*, NZA 2018, 751 (753 f.); Stellungnahme der Bundesagentur für Arbeit, Ausschuss-Drs. 17(11)435, S. 5.

164 BT-Drs. 17/4804, S. 8.

165 S. statt vieler S/H/*Hamann*, AÜG, § 1 Rn. 677a.

166 BT-Drs. 17/4804, S. 8; BAG v. 20.1.2016 – 7 AZR 535/13, Rn. 33; S/H/*Hamann*, AÜG, § 1 Rn. 673, 676.

Arbeitsmethode zusammen, sondern damit, dass sich die beteiligten Unternehmen in der Regel ganz bewusst und gezielt zusammenschließen, um auf Werk- und/oder Dienstvertragsbasis ein Projekt abzuwickeln. Auch wenn die Zusammenarbeit oft nur auf kurze Zeit angelegt und mitunter einmalig ist, so ist diese Konstellation doch genau eine solche, vor der das AÜG schützen soll und die deshalb nicht grundsätzlich von dessen Anwendungsbereich auszunehmen ist.[167]

Im Übrigen führt dieser Tatbestand aufgrund seiner Unbestimmtheit und mangels Konkretisierung durch den Gesetzgeber oder die Rechtsprechung zu Rechtsunsicherheit.[168] Problematisch ist insoweit, dass bei Verkennung des Merkmals ohne Überlassungserlaubnis ein Fall der illegalen Arbeitnehmerüberlassung vorliegen kann, welche weitreichende Folgen nach sich zieht.[169] In der Praxis sollten sich Unternehmen daher im Zweifel nicht ohne weiteres auf das Vorliegen des Merkmals „gelegentlich“ verlassen.

c. Privilegierung von Arbeitsgemeinschaften, § 1 Abs. 1a AÜG

Nach § 1 Abs. 1a S. 1 AÜG ist die Abordnung von Arbeitnehmern zu einer zur Herstellung eines Werkes gebildeten Arbeitsgemeinschaft unter den dort genannten Voraussetzungen nicht als Arbeitnehmerüberlassung im Sinne des AÜG anzusehen. Diese Privilegierung geht auf Forderungen aus der Bauwirtschaft zurück, in der die Arbeitsgemeinschaft als Form unternehmerischer Zusammenarbeit überwiegend praktiziert wird.[170] Die Regelung soll eine wirtschaftlich sinnvolle Zusammenarbeit in Arbeitsgemeinschaften ermöglichen, insbesondere im Bereich des Baugewerbes im Hinblick auf die Errichtung von Großanlagen und -bauten, die durch die Vorschriften des AÜG nicht unerheblich erschwert werden.[171] Dabei ist der Anwendungsbereich der Regelung jedoch nicht auf den Bereich des Baugewerbes beschränkt.[172] Somit kann die Privilegierung auch auf Scrum-Teams Anwendung finden, wenn die Zusammenarbeit in Form einer Arbeitsgemeinschaft erfolgt. Allerdings wird es hier

---

167 S. Beschlussempfehlung des Ausschusses für Arbeit und Soziales vom 19.10.2016, BT-Drs. 18/10064, S. 14.

168 Die Unbestimmtheit wurde zudem bereits vor Erlass der Vorschrift kritisiert, s. nur Stellungnahme der Bundesagentur für Arbeit in Ausschuss-Drs. 17(11)435, S. 4.

169 S/H/*Hamann*, AÜG, § 1 Rn. 686; Thüsing/*Waas*, AÜG, § 1 Rn. 243.

170 Thüsing/*Waas*, AÜG, § 1 Rn. 128, 132.

171 BT-Drs. 10/4211, S. 32 f.

172 Thüsing/*Waas*, AÜG, § 1 Rn. 128.

schon oft an der notwendigen „Verförmlichung“ der Zusammenarbeit fehlen. Zwar ist die Zusammenarbeit als Arbeitsgemeinschaft nicht an eine bestimmte Rechtsform geknüpft. Jedoch reicht das Bestehen einer reinen Innengesellschaft oder die bloß tatsächliche Zusammenarbeit auf schuldrechtlicher Ebene, die hier regelmäßig vorliegen wird,[173] für die Annahme der Privilegierung nicht aus.[174] Sollte doch einmal eine Arbeitsgemeinschaft vorliegen, bestehen im Hinblick auf die übrigen Voraussetzungen des § 1 Abs. 1a AÜG keine Besonderheiten durch die Abwicklung der Zusammenarbeit nach der Scrum-Methode.

2. *Zusammenfassung*

Die unternehmerische Zusammenarbeit nach der Scrum-Methode richtet sich nach den allgemeinen Grundsätzen zur Abgrenzung von Dienst- und Werkleistungen von der Arbeitnehmerüberlassung. Gesetzlich verankerte Bereichsausnahmen nach § 1 Abs. 3 AÜG sind nicht ersichtlich. Auch die Reform des AÜG 2017 bringt insofern keinerlei Vorzüge für agile Projektarbeit mit sich. Eine Privilegierung nach § 1 Abs. 1a AÜG ist in der Praxis kaum vorstellbar, aber in Einzelfällen wohl möglich.

Die beteiligten Unternehmen werden Fremdpersonal, sowohl Arbeitnehmer externer Unternehmen sowie Selbständige, regelmäßig auf dienst- oder werkvertraglicher Basis einbinden. Je nach Zusammensetzung des Entwicklungsteams steigt damit allerdings die Gefahr der verdeckten Arbeitnehmerüberlassung sowie die der Scheinselbständigkeit.

II. Gefahrenpotential unternehmensübergreifend zusammengesetzter Entwicklungsteams

Gerade im Fall der unternehmensübergreifenden Zusammenarbeit nach der Scrum-Methode mit aus Arbeitnehmern der beteiligten Unternehmen zusammengesetzten Entwicklungsteams besteht die latente Gefahr der verdeckten Arbeitnehmerüberlassung.[175] Von verdeckter Arbeitnehmerüberlassung spricht man, wenn ein Arbeitnehmer aufgrund eines bloß formal als Dienst- oder zumeist als Werkvertrag bezeichneten Vertrags an einen Dritten überlassen wird, d.h. dessen Weisungen unterliegt und in dessen Arbeitsorganisation

173 Vgl. Kapitel 3 – A.

174 ErfK/*Wank*, AÜG, § 1 Rn. 61; S/H/*Hamann*, AÜG, § 1 Rn. 457.

175 Nach *Heise/Friedl*, NZA 2015, 129 (130 ff.) wird eine solche „nicht zwingend und nicht einmal im Regelfall“ vorliegen.

eingegliedert wird (vgl. § 1 Abs. 1 S. 2 AÜG).[176] Die Bezeichnung der Vertragsverhältnisse rückt dabei in den Hintergrund. Entscheidend ist im Zweifel vielmehr die tatsächliche Durchführung des Vertrags.[177] Bei der Anwendung der Scrum-Methode kann dieser Fall eintreten, wenn Arbeitnehmer des Auftragnehmers arbeitsrechtliche Weisungen des Auftraggebers, etwa in Person des Product Owners, der regelmäßig in dessen Lager steht, oder umgekehrt Arbeitnehmer des Auftraggebers solche Weisungen seitens des Auftragnehmers, der regelmäßig den Scrum Master stellt, erhalten und darüber hinaus in die jeweils fremde Betriebsorganisation eingebunden sind.

1. Weisungsgebundenheit

Der Weisungsgebundenheit kommt nach der Scrum-Methode, eine konsequente Umsetzung der Regeln vorausgesetzt, an sich geringe Bedeutung zu.[178] Das Entwicklungsteam arbeitet im Idealfall weisungsfrei.[179] Nichts destotrotz kann es in der Praxis zum Ausspruch von Weisungen gegenüber Fremdpersonal kommen.[180] Hier wird erneut die Abgrenzung zwischen werk- und dienst- bzw. arbeitsvertraglichen Weisungen relevant.[181] Es besteht jederzeit die Möglichkeit bzw. Gefahr, dass etwa der Product Owner gegenüber dem Entwicklungsteam (An-)Weisungen ausspricht. Das können und sollten im Idealfall lediglich sachbezogene Weisungen im Sinne des § 645 Abs. 1 S. 1 BGB sein. Denn erst wenn den in den Entwicklungsteams tätigen Arbeitnehmern Vorgaben zu Zeit, Ort und Inhalt ihrer Tätigkeit gemacht werden, mithin arbeitsrechtliche Weisungen erteilt werden, v.a. seitens des anderen Unternehmens, ist Vorsicht geboten.[182]

2. Eingliederung

Zu berücksichtigen ist zudem das Merkmal der Eingliederung in die Betriebsorganisation eines Dritten aufgrund der für die Scrum-Methode kennzeichnenden engen und stetigen Zusammenarbeit zwischen Arbeitnehmern des

---

176 Schaub ArbR-HdB/*Koch*, § 120 Rn. 12.

177 BAG v. 18.1.2012 – 7 AZR 723/10, Rn. 28.

178 Arnold/Günther ArbR 4.0-HdB/*Lingemann/Chakrabarti*, Kapitel 2 Rn. 122; *Günther/Böglmüller*, NZA 2019, 417 (418 f.); *Winstel/Karsten*, AuA 2017, 400 (403).

179 S. nur Arnold/Günther ArbR 4.0-HdB/*Lingemann/Chakrabarti*, Kapitel 2 Rn. 101; *Günther/Böglmüller*, NZA 2019, 417 (418 f.).

180 *Günther/Böglmüller*, NZA 2019, 417 (418 f.).

181 S. dazu bereits Kapitel 3 – A.I.1.b.aa. (2) (a).

182 *Heise/Friedl*, NZA 2015, 129 (134).

Auftraggebers oder Auftragnehmers sowie Fremdpersonal.[183] Die Verweildauer bzw. enge Einbindung in den betrieblichen Arbeitsprozess des Einsatzbetriebs reicht allerdings für die Annahme der Eingliederung noch nicht aus.[184] Entscheidend ist vielmehr, dass das Fremdpersonal selbst derart in den Einsatzbetrieb eingegliedert wird, dass dessen Inhaber die für ein Arbeitsverhältnis typischen Entscheidungen über den Arbeitseinsatz nach Zeit und Ort treffen kann, mithin die Personalhoheit besitzt.[185] Letztlich sind die Grenzen zwischen Weisungsgebundenheit und Eingliederung damit fließend.

3. *Praktische Gestaltungsmöglichkeiten zur Risikominimierung*

In der Praxis drohen im Fall der verdeckten Arbeitnehmerüberlassung erhebliche rechtliche Konsequenzen. So hat diese unter anderem zur Folge, dass zwischen dem Fremdpersonal und dem Dritten kraft Fiktion ein Arbeitsverhältnis zustande kommt (vgl. § 10 Abs. 1 AÜG), abgesehen davon, dass es sich um eine bußgeldbewehrte Ordnungswidrigkeit handelt (§ 16 AÜG). Die Risiken können jedoch durch eine entsprechende Gestaltung gemindert werden.

Bei der konsequenten Durchführung der Scrum-Methode hält sich die Gefahr der Weisungsabhängigkeit allerdings in Grenzen.[186] Wenn es doch einmal zu Weisungen kommt, ist darauf zu achten, dass diese nur sachbezogen erfolgen und dem Entwicklungsteam nicht inzident arbeitsrechtliche Weisungen erteilt werden. Auch wenn eine einmalige arbeitsrechtliche Weisung nicht zwingend und unmittelbar zu einer verdeckten Arbeitnehmerüberlassung führt, da solche „Exzesse" grundsätzlich weder dem Auftraggeber noch dem Auftragnehmer zugerechnet werden,[187] sind die Grenzen hier fließend. Im Fall der Scrum-Methode sind es insbesondere der Product Owner sowie der Scrum Master, die dafür in besonderem Maße, etwa durch Schulungsmaßnahmen, sensibilisiert werden sollten.

Zudem liegt keine Arbeitnehmerüberlassung vor, wenn Arbeitnehmer trotz Weisungen eines Dritten in ihrer bisherigen Organisation tätig werden, fehlt es doch an der ebenfalls erforderlichen Eingliederung.[188] Selbst Weisungen

---

183 *Günther/Böglmüller*, NZA 2019, 417 (418).

184 ErfK/*Wank*, AÜG, § 1 Rn. 22.

185 BAG v. 9.11.1994 – 7 AZR 217/94, III.2.b. d. Gründe; SH/*Hamann*, AÜG, § 1 Rn. 129; Ulber/*J. Ulber*, AÜG, § 1 Rn. 171.

186 *Winstel/Karsten*, AuA 2017, 400 (403).

187 *Heise/Friedl*, NZA 2015, 129 (133).

188 BAG v. 22.6.1994 – 7 AZR 286/93; *Deinert*, RdA 2017, 65 (70).

arbeitsrechtlicher Natur des Product Owners, der im Lager des Auftraggebers steht, ändern daran sodann nichts.

Darüber hinaus kann die räumliche Trennung sowie detaillierte Regelung der Kommunikationswege der Gefahr der Arbeitnehmerüberlassung vorbeugen.[189] Dies ist heutzutage immer einfacher möglich aufgrund neuer digitaler Informations- und Kommunikationstechniken.

Schließlich ist der „sicherste" Weg der Einsatz von Entwicklungsteams, die nur entweder dem Auftraggeber oder Auftragnehmer zuzurechnen sind.[190] Allerdings überzeugt dieser Ansatz insofern nicht als dann ein wesentliches Merkmal der Scrum-Methode, sich aus verschiedenen Organisationen das größtmögliche Knowhow zusammen zu holen, um bestmögliche Ergebnisse herzustellen, mitunter nicht realisierbar ist.

C. Scheinselbständigkeit

Ähnlich liegt der Fall bei der Hinzuziehung von Selbständigen auf Werk- oder Dienstvertragsbasis. Anstatt verdeckter Arbeitnehmerüberlassung besteht hier die Gefahr der Scheinselbständigkeit. Scheinselbständigkeit liegt vor, wenn jemand aufgrund der zugrundeliegenden Vertragsgestaltung selbständige (Dienst- oder Werk-)Leistungen erbringen soll, tatsächlich aber wie ein abhängig Beschäftigter tätig wird.[191] Die Abgrenzung läuft weitgehend wie im Fall der verdeckten Arbeitnehmerüberlassung. Ob Scheinselbständigkeit vorliegt, wird auch hier anhand der zwei oben dargestellten Kriterien ermittelt, nämlich der Weisungsgebundenheit einerseits sowie der Eingliederung in eine fremde Betriebsorganisation andererseits.[192] Bei der Scheinselbstständigkeit, also der Frage, ob eine abhängige oder selbständige Beschäftigung vorliegt, ist weiter zu beachten, dass die Abgrenzung in der arbeits-, sozial- und schließlich auch steuerrechtlichen Praxis durchaus zu unterschiedlichen Ergebnissen führen kann. So ist etwa der Begriff des Arbeitnehmers im Arbeitsrecht nach § 611a Abs. 1 BGB nicht gleichzusetzen mit dem Beschäftigtenbegriff im Sozialrecht nach § 7 SGB IV, auch wenn sie des Öfteren zusammenfallen.[193] Doch sind alle drei Rechtsbereiche gleichermaßen von Bedeutung, insbesondere was die

---

189 Arnold/Günther ArbR 4.0-HdB/*Lingemann/Chakrabarti,* Kapitel 2 Rn. 125 f.; *Günther/Böglmüller,* NZA 2019, 417, (419 f.); *Winstel/Karsten,* AuA 2017, 400 (403).

190 *Winstel/Karsten,* AuA 2017, 400 (403).

191 *V. Steinau/Steinrück/Mühlenhoff,* NJW-Spezial 2018, 114 (114).

192 *V. Steinau/Steinrück/Mühlenhoff,* NJW-Spezial 2018, 114 (114).

193 ErfK/*Rolfs,* SGB IV, § 7 Rn. 2 f.

Rechtsfolgen anbelangt. Denn so kommt es im Nachhinein nicht nur zu einem Arbeitsverhältnis zwischen den Vertragspartnern, sondern zudem drohen hohe Nachzahlungen von Sozialversicherungsbeiträgen und Lohnsteuer. Auch eine Strafbarkeit nach § 266a StGB steht im Raum. Für die Beurteilung ist auch hier im Zweifel wieder die tatsächliche Durchführung des Vertrags im Gegensatz zur vertraglichen Gestaltung ausschlaggebend.[194] Hinsichtlich vorbeugender Maßnahmen wird auf die Ausführungen im Rahmen der verdeckten Arbeitnehmerüberlassung verwiesen.[195]

D. Ergebnis des dritten Kapitels

Die unternehmensübergreifende Zusammenarbeit nach der Scrum-Methode kann als Kooperation in Form einer Gesellschaft bürgerlichen Rechts erfolgen. Die Interessenlage der beteiligten Unternehmen spricht jedoch eher für eine Zusammenarbeit auf Basis eines Austauschvertrags. Weder durch einen Werk- noch durch einen Dienstvertrag können die Besonderheiten, die das Vorgehen nach der Scrum-Methode mit sich bringt, umfassend abgebildet werden. In der Praxis werden daher in der Regel Rahmenverträge abgeschlossen, die meist dienstvertraglichen Charakter haben und unter denen sodann für die einzelnen Entwicklungsphasen Werkverträge abgeschlossen werden. Indes ist die vertragliche Ausgestaltung für die sich im Wege der unternehmensübergreifenden Zusammenarbeit ergebende Gefahr der verdeckten Arbeitnehmerüberlassung bzw. die der Scheinselbständigkeit nicht in erster Linie entscheidend, wenngleich die Gefahr durch eine adäquate Vertragsgestaltung gesenkt werden kann. Maßgeblich ist die tatsächliche Durchführung der Zusammenarbeit. Die Gefahr hält sich in Grenzen, wenn den „Spielregeln" der Scrum-Methode entsprechend auf die Ausübung arbeitsrechtlicher Weisungsrechte während der Zusammenarbeit verzichtet wird. Werkvertragliche Anweisungen haben dagegen keine Auswirkungen. Sodann ist auch der Einsatz „on-site", d.h. bei dem anderen Unternehmen, der schnell zur Annahme einer Eingliederung führen kann, kein zwingendes Hindernis. Die Grenzen sind jedoch fließend. Daher sind die Beteiligten auf beiden Seiten, insbesondere Product Owner und Scrum Master entsprechend zu sensibilisieren. Arbeitnehmerüberlassungsverträge als Alternative sind indes infolge der durch die Reform des AÜG 2017 eingeführten Verschärfungen selten das Mittel der Wahl. Bereichsausnahmen, wie sie im Rahmen der

194 *V. Steinau/Steinrück/Mühlenhoff*, NJW-Spezial 2018, 114 (114).
195 S. Kapitel 3 – B.II.3.

Reform diskutiert wurdenn, sowie die bereits in § 1 Abs. 3 AÜG niedergelegten Tatbestände, sind nicht einschlägig. Auch wird die Zusammenarbeit selten in Form einer Arbeitsgemeinschaft, die in § 1 Abs. 1a AÜG privilegiert ist, von statten gehen. Das AÜG findet damit ohne Einschränkungen Anwendung.

4 Kapitel: Betriebsverfassungsrechtliche Fragen bei der Ein- und Durchführung der Scrum-Methode

A. Anwendbarkeit des BetrVG in agilen Organisationen

Das BetrVG ist anwendbar, wenn der sachliche und persönliche Anwendungsbereich eröffnet sind. Insofern ist zu klären, ob bzw. in welcher Form Organisationseinheiten im Sinne des BetrVG, die durch den Betriebsbegriff bestimmt werden, in agilen Organisationen vorliegen bzw. entstehen. Sodann geht es darum, die Arbeitnehmer als solche zu qualifizieren und den Organisationseinheiten zuzuordnen.

I. Organisationseinheiten im Sinne des BetrVG

1. Betrieb als Ausgangspunkt – bedarf es eines Updates des Betriebsbegriffs?

In Zeiten der Digitalisierung, in denen komplexe, mehrdimensionale Organisationsformen an Bedeutung gewinnen und die Betriebsverfassung vor in neuer Form auftretende, aber im Grundsatz bereits bekannte Herausforderungen stellen, kommt einmal mehr die Frage auf, ob es bei dem Betriebsbegriff, wie er derzeit in der Rechtsprechung und weitgehend auch in der Literatur vertreten wird, bleiben kann oder ob der Betriebsbegriff vielmehr eines „Updates" bedarf.

Ein Betrieb ist demnach eine „organisatorische Einheit (anzusehen), innerhalb derer der Unternehmer allein oder zusammen mit seinen Mitarbeitern mit Hilfe sächlicher und immaterieller Mittel bestimmte arbeitstechnische Zwecke fortgesetzt verfolgt".[196] Doch betriebs- und unternehmensübergreifende Organisationen, die von zeitlicher und räumlicher Flexibilität sowie dezentraler, indirekter Führung gekennzeichnet sind, stimmen oftmals nicht mehr mit diesem Verständnis des Betriebs überein.[197]

Derartige Entwicklungen sind bereits seit längerer Zeit zu beobachten. Die räumliche Einheit bzw. räumliche Nähe ist indes keine Voraussetzung mehr für

---

196 Aus jüngerer Zeit BAG v. 23.11.2016 – 7 ABR 3/15, Rn. 31; BAG v. 14.9.1988 – 7 ABR 10/87; *Fitting*, BetrVG, § 1 Rn. 93 m.w.N.

197 *Giesen/Kersten*, Arbeit 4.0, S. 128 ff.; *Günther/Böglmüller*, NZA 2015, 1025 (1027).

das Vorliegen eines Betriebs, wenn auch nach wie vor ein Indiz von einigem Gewicht.[198] Auch die oft nur auf kurze Dauer eingerichteten Strukturen stehen einer Qualifizierung als Betrieb nicht zwingend entgegen. Es gehört zwar zum Wesen eines Betriebs, dass dieser auf gewisse Dauer angelegt ist.[199] Dies bedeutet aber nicht zugleich, dass die Organisation auf längere oder unbestimmte Zeit eingerichtet sein muss.[200] Nicht verzichtet werden kann indes auf die organisatorische Einheit, die sich in einer einheitlichen Leitung niederschlägt.[201] Denn dann könnte schon das reine Zusammenwirken von Arbeitnehmern ausreichen, um einen Betrieb zu konstituieren. Dies würde jedoch erhebliche Schwierigkeiten in der Praxis hervorrufen und die Gefahr begründen, dass die Mitbestimmung faktisch ins Leere läuft.[202] Dezentrale Entscheidungsapparate können hier zu Problemen führen, obgleich immer auf den Einzelfall abzustellen ist, gibt es doch viele verschiedene Ausprägungen neuer (agiler) Arbeitsorganisationen.

Letztlich ist auch weniger der Betriebsbegriff mit seinen einzelnen Merkmalen das Problem. Die den Betrieb konstituierenden Merkmale scheinen an sich flexibel genug zu sein, um auch neue Organisationsformen grundsätzlich zu erfassen.[203] Fraglich sind vielmehr die Grenzen und der Umfang des Betriebs.[204] Hier muss in erster Linie auf Sinn und Zweck des BetrVG, nämlich die Gewährleistung einer effektiven Interessenvertretung, abgestellt werden. In diesem Zusammenhang tauchen die Begriffe „Entscheidungsnähe" und „Arbeitnehmernähe" auf, soll doch die Interessenvertretung einerseits dort eingerichtet werden, wo die mitbestimmungs- und mitwirkungspflichtigen Entscheidungen getroffen werden und andererseits eine gewisse Nähe zu den von den Entscheidungen betroffenen Arbeitnehmern aufweisen.[205] Doch beide Kriterien verlieren aus den oben bereits genannten Gründen der Entgrenzung von Raum und Zeit sowie den zunehmend dezentralen Entscheidungsapparaten an Relevanz. Darüber hinweg wird letztlich nur eine wertende Gesamtbetrachtung helfen, die die Eigenheiten einer jeden Organisationsform berücksichtigt.[206]

---

198 *Fitting*, BetrVG, § 1 Rn. 104 f.
199 GK-BetrVG/*Franzen*, BetrVG, § 1 Rn. 42.
200 *Fitting*, BetrVG, § 1 Rn. 107.
201 *Giesen/Kersten*, Arbeit 4.0, S. 130 f.; *Krause*, Gutachten B zum 71. DJT, S. B 91.
202 *Giesen/Kersten*, Arbeit 4.0, S. 130 f.; *Krause*, Gutachten B zum 71. DJT, S. B 91.
203 Arnold/Günther ArbR 4.0-HdB/*Benecke*, Kapitel 7 Rn. 9.
204 Arnold/Günther ArbR 4.0-HdB/*Benecke*, Kapitel 7 Rn. 11.
205 *Krause*, Gutachten B zum 71. DJT, S. B 89.
206 *Franzen*, Folgen von Industrie 4.0 für die Betriebsverfassung, S. 109 (112); Wlotzke/Preis/Kreft/*Preis*, BetrVG, § 1 Rn. 19 ff.

Es ist festzuhalten, dass der Betriebsbegriff bislang flexibel genug war, die vielen neuen Organisationsformen, die sich seit Mitte des 20. Jahrhunderts entwickelten, zu erfassen und auch weiterhin, wenn auch teilweise mit Abgrenzungsschwierigkeiten, neue Organisationsformen erfassen kann. Eine „starre" Definition, die letztlich wohl sowieso nie alle Organisationsformen in ihren jeweiligen Ausprägungen erfassen könnte, würde aufgrund des technischen Fortschritts alsbald wieder überholt sein bzw. ähnliche Fragen aufwerfen.[207] Zudem ist auch nicht jeder Betrieb bzw. jedes Unternehmen gleichermaßen von der Digitalisierung betroffen, so dass auch die herkömmlichen Strukturen nach wie vor entsprechende Berücksichtigung finden müssen.[208] Am Ende ist die Frage weniger, ob der Betriebsbegriff flexibel genug ist, als vielmehr ob die Betriebsverfassung an sich flexibel genug ist und so ein umfassender Schutz der Arbeitnehmer in mitwirkungs- und mitbestimmungspflichtigen Angelegenheiten gewährleistet werden kann.[209]

2. *Keine Entstehung neuer Organisationseinheiten in Form der Scrum-Teams*

Die Scrum-Methode hat Auswirkungen auf das Weisungsrecht.[210] Zwar bleibt das Weisungsrecht grundsätzlich bei dem jeweiligen Arbeitgeber, insbesondere was den disziplinarischen Teil angeht. Auf die Ausübung des fachlichen Weisungsrechts wird jedenfalls temporär während des Entwicklungsprozesses verzichtet. Dadurch kommt den Entwicklungsteams aber eine gewisse Entscheidungskraft zu, die sich auch auf vom BetrVG erfasste Angelegenheiten auswirkt. Zu nennen sind etwa Arbeitszeit- und – je nach Ausgestaltung auch – Urlaubsfragen sowie Modalitäten der Gruppenarbeit. Dies führt zwar nicht zu einer Auflösung bestehender betrieblicher Strukturen. Allerdings könnten dadurch weitere, neue Organisationseinheiten entstehen, derer es möglicherweise bedarf, um ein Mitbestimmungsdefizit zu verhindern. Sollte dies nicht der Fall sein, stellt sich später noch die Frage, ob die – jedenfalls unternehmensübergreifende – Zusammenarbeit unter Umständen nicht zu einer „Verdoppelung" der Mitbestimmungsrechte führt – ähnlich wie bei dem Einsatz im Rahmen der Arbeitnehmerüberlassung.[211]

---

207 Vgl. BMAS, Weißbuch, S. 163.
208 Arnold/Günther ArbR 4.0-HdB/*Benecke,* Kapitel 7 Rn. 7.
209 Vgl. *Giesen/Kersten,* Arbeit 4.0, S. 133 f.
210 S. Kapitel 2 – A.
211 S. Kapitel 4 – A.II.2.c.bb.

a. Eigenständige Betriebe (§ 1 Abs. 1 S. 1 BetrVG)

Zunächst ist an die Bildung neuer Organisationseinheiten in Form von eigenständigen Betrieben im Sinne des § 1 Abs. 1 S. 1 BetrVG zu denken. Ausgehend von dem oben erörterten Betriebsbegriff ist darauf abzustellen, ob eine organisatorische Einheit entsteht, die sich durch eine einheitliche Leitung in mitbestimmungs- und mitwirkungspflichten Angelegenheiten auszeichnet. Diese Leitung muss sich nicht auf sämtliche Maßnahmen, die in der Betriebsverfassung von Bedeutung sind, beziehen. Vielmehr reicht es aus, wenn die Entscheidungen in den wesentlichen personellen und sozialen Angelegenheiten einheitlich dort getroffen werden.[212]

Die Entscheidungskraft der Teams, wenn diese auch von einigem Gewicht sein mag, erstreckt sich lediglich auf soziale, nicht aber auf personelle Angelegenheiten im Sinne des BetrVG. So entscheiden die Teams selbständig über Zeit, Ort und Inhalte ihrer Tätigkeit, mithin soziale Angelegenheiten im Sinne des BetrVG. Disziplinarische Maßnahmen werden hier jedoch nicht ergriffen, schließlich verbleibt das disziplinarische Weisungsrecht auch weiterhin bei dem jeweiligen Vertragsarbeitgeber.[213] Das hat zur Folge, dass den Teams keinerlei Leitungsmacht in personellen Angelegenheiten zusteht und es daher bereits an einem für die Konstituierung eines Betriebs wesentlichen Merkmal fehlt.

b. (Qualifizierte) Betriebsteile (§ 4 Abs. 1 BetrVG)

Sodann kommt die Entstehung von Betriebsteilen im Sinne des § 4 Abs. 1 BetrVG in Betracht. Ein Betriebsteil ist der Rechtsprechung zufolge eine Einheit, die zwar auf den Zweck des Hauptbetriebs ausgerichtet und in dessen Organisation eingegliedert, diesem gegenüber aber organisatorisch abgrenzbar und relativ verselbständigt ist (sog. einfacher Betriebsteil).[214] Maßgeblich ist das Kriterium der „relativen Selbständigkeit“. Dieses ist anzunehmen, wenn ein Mindestmaß an organisatorischer Selbständigkeit besteht. Dafür ist – in Abgrenzung zu einem eigenständigen Betrieb – gerade nicht erforderlich, dass die Leitungsmacht in vollem Umfang oder in sämtlichen sozialen und personellen Angelegenheiten ausgeübt wird.[215] Aus diesem Grund können agile Teams jedenfalls als

---

212 S. statt vieler BAG v. 22.6. 2005 – 7 ABR 57/04, B.II.1. d. Gründe; BAG v. 23.9.1982 – 6 ABR 42/81, III.2.b. d. Gründe; *Fitting*, BetrVG, § 1 Rn. 101; GK-BetrVG/*Franzen*, BetrVG, § 1 Rn. 43; Richardi/*Richardi*, BetrVG, § 1 Rn. 28.

213 S. Kapitel 2 – A.II.

214 In letzter Zeit statt vieler BAG v. 23.11.2016 – 7 ABR 3/15, Rn. 63; *Fitting*, BetrVG, § 4 Rn. 7 m.w.N.

215 Richardi/*Richardi/Maschmann*, BetrVG, § 4 Rn. 9 ff.

(einfache) Betriebsteile angesehen werden, wird den Gruppen doch eine gewisse Leitungsmacht zugebilligt, die sonst der Arbeitgeber, würde er sein fachliches Weisungsrecht ausüben, bzw. eine von ihm dazu ermächtigte Führungskraft, wahrnehmen würde.

Es stellt sich aber vielmehr die Frage, ob agile Teams nicht auch als sog. qualifizierte Betriebsteile angesehen werden können, mit der Folge, dass sie kraft Fiktion als selbständige Betriebe einzustufen sind und somit eine eigene Interessenvertretung wählen können. Dazu müsste die Einheit betriebsratsfähig im Sinne des § 1 Abs. 1 S. 1 BetrVG sein. Sollte es daran scheitern, ist diese dem Hauptbetrieb zuzuordnen (§ 4 Abs. 2 BetrVG). Zudem müssen die übrigen Voraussetzungen des § 4 Abs. 1 S. 1 Nr. 1 bzw. Nr. 2 BetrVG erfüllt sein, d.h. die agilen Teams zusätzlich entweder räumlich weit vom Hauptbetrieb entfernt (Nr. 1) oder durch Aufgabenbereich und Organisation weitgehend eigenständig (Nr. 2) sein.

§ 4 Abs. 1 S. 1 BetrVG wird selten erfüllt sein, schließlich verbleiben viele Beschäftigte heutzutage aufgrund der technischen Möglichkeiten, wenn möglich, an ihren Arbeitsplätzen bzw. arbeiten sowieso von zu Hause oder unterwegs aus (Home bzw. Mobile Office), so dass diesem Kriterium meistens keine Bedeutung zukommen wird.

Darüber hinaus werden auch die Voraussetzungen des § 4 Abs. 1 S. 1 Nr. 2 BetrVG selten vorliegen. Mangeln wird es hier weniger an dem eigenständigen Aufgabenbereich als vielmehr an der eigenständigen Organisation. Die Grenzen zum eigenständigen Betrieb sind hier fließend. Zwar sind die Anforderungen an eine eigenständige Leitung in mitwirkungs- und mitbestimmungspflichtigen Angelegenheiten gegenüber dem eigenständigen Betrieb abgesenkt, doch werden die in den Teams zu treffenden Entscheidungen mangels jeglicher Entscheidungsmacht in personellen Angelegenheiten nicht ausreichen, um einen qualifizierten Betriebsteil annehmen zu können.

c. *Gemeinsame Betriebe (§ 1 Abs. 1 S. 1, Abs. 2 BetrVG)*

Im Fall der unternehmensübergreifenden Zusammenarbeit kann noch die Entstehung eines gemeinsamen Betriebs im Sinne des § 1 Abs. 1 S. 2, Abs. 2 BetrVG in Erwägung gezogen werden. Für eine Einordnung als gemeinsamer Betrieb mehrerer Unternehmen ist die institutionell einheitliche Ausübung der betriebskonstituierenden Arbeitgeberfunktionen aufgrund einer sich auch aus den Umständen ergebenden rechtlichen Führungsvereinbarung erforderlich.[216]

216 S. statt vieler BAG v. 23.11.2016 – 7 ABR 3/15, Rn. 33 ff.; BAG v. 11.2.2004 – 7 ABR

Es geht letztlich um die Frage, ob es sich bei der unternehmensübergreifenden Arbeit in den Teams lediglich um eine unternehmerische Zusammenarbeit handelt, die für die Annahme eines Gemeinschaftsbetriebs nicht ausreicht,[217] oder das Ganze darüber hinausgeht.

Zwar kommt es, wie auch die Rechtsprechung des BAG verdeutlicht, immer auf den Einzelfall an, nichtsdestotrotz lassen sich den maßgeblichen Entscheidungen Kriterien und Indizien für das Vorliegen von Gemeinschaftsbetrieben entnehmen.[218] Wesentliche Kriterien für die Annahme eines gemeinsamen Betriebs sind zum einen ein arbeitgeberübergreifender Personaleinsatz sowie ein einheitlicher Leitungsapparat.[219] Während ein arbeitgeberübergreifender Personaleinsatz nahe liegt, wenn in unternehmensübergreifenden Teams zusammengearbeitet wird und diese Zusammenarbeit für den Arbeitsalltag auch charakteristisch ist[220], wird es regelmäßig wieder an dem einheitlichen Leitungsapparat scheitern. Voraussetzung dafür ist, dass die wesentlichen sozialen und personellen Angelegenheiten institutionell einheitlich wahrgenommen werden. Es ist aber eher unwahrscheinlich, dass sich die Unternehmen auf eine gemeinsame Wahrnehmung ihrer Leitungsmacht, gerade in personellen Angelegenheiten, verständigen werden. Denn selbst, wenn eine gemeinsame Personalabteilung eingerichtet werden würde, dürfte diese nicht nur beratende und unterstützende Aufgaben wahrnehmen, sondern müsste eigenverantwortlich wesentliche personelle Angelegenheiten regeln können, wozu unter anderem die Einstellung und Entlassung von Arbeitnehmern, die Gestaltung von Arbeitsverträgen, die Ausstellung von Zeugnissen etc. zählen.[221]

Eine solche einheitliche Wahrnehmung der Angelegenheiten ist gerade bei der nur projektbezogenen Zusammenarbeit auf werk- bzw. dienstvertraglicher Grundlage, die zumeist nicht von Dauerhaftigkeit geprägt ist, nicht anzunehmen. Derartige Befugnisse wird kein Arbeitgeber ohne weiteres aus der Hand geben, so dass die disziplinarische Eigenständigkeit der Unternehmen prinzipiell bestehen bleiben wird.[222] Zwar wird eine gewisse Koordination in Bezug

---

27/03, B.I.1. d. Gründe.

217 BAG v. 23.11.2016 – 7 ABR 3/15, Rn. 33 ff.; BAG v. 11.2.2004 – 7 ABR 27/03, B.I.1. d. Gründe.; *Fitting*, BetrVG, § 1 Rn. 114.

218 *Bonanni/Otte*, BB 2016, 1653 (1653 f.).

219 *Bonanni/Otte*, BB 2016, 1653 (1654).

220 *Bonanni/Otte*, BB 2016, 1653 (1654).

221 BAG v. 13.8.2008 – 7 ABR 21/07, Rn. 37; D/K/W/*Trümner*, BetrVG, § 1 Rn. 102; *Bonanni/Otte*, BB 2016, 1653 (1654).

222 Vgl. *Günther/Böglmüller*, NZA 2015, 1025 zur Matrixorganisation.

auf den Einsatz der Arbeitnehmer notwendig sein, das reicht aber nicht aus, um eine gemeinsame Leitung anzunehmen. Mehr deutet auf eine lediglich unternehmerische Zusammenarbeit hin. Über das Fehlen einer einheitlichen Leitung können auch weitere, für die Begründung eines gemeinsamen Betriebs oftmals angeführte Merkmale wie die gemeinsame Nutzung zentraler Betriebseinrichtungen oder der Büroinfrastruktur nicht hinweghelfen, da diese Merkmale nur eine sehr schwache Indizwirkung haben.[223] Schließlich ist der gemeinsame Betrieb auch kein Instrument, um Arbeitgeber in unternehmensübergreifende Strukturen zu zwingen. Dafür gibt es Vorschriften wie § 3 BetrVG.[224]

d. Zusammenfassung

Festzuhalten ist, dass es bei den bisher bestehenden Organisationseinheiten bleibt. Die Entwicklungsteams bilden indes in keiner Weise neue Organisationseinheiten im Sinne des BetrVG, unabhängig davon, ob die Zusammenarbeit unternehmensintern oder -übergreifend erfolgt. Letztlich fehlt es immer an der (einheitlichen) Leitungsmacht, insbesondere oder gerade in personellen Angelegenheiten, die an das disziplinarische Weisungsrecht des jeweiligen Arbeitgebers anknüpft und jeweils bei diesem verbleibt. Dies ist aber letztlich eines der den Betrieb und seine Ausgestaltungen konstituierenden Merkmale, über dessen Fehlen auch nicht hinweggeholfen werden kann.

3. Anpassung der betriebsverfassungsrechtlichen Organisation auf Grundlage des § 3 BetrVG

Darüber hinaus könnte die Errichtung alternativer Arbeitnehmervertretungsstrukturen, wie sie in § 3 BetrVG vorgesehen ist, in Betracht kommen. § 3 BetrVG sieht solche Strukturen vor, um die an sich doch recht starr an den herkömmlichen Strukturen wie dem Betrieb ausgerichtete Betriebsverfassung den Entwicklungen, die neue Organisationsformen wie die Einführung agiler Arbeitsmethoden mit sich bringen, anzupassen, um so eine möglichst effektive Mitbestimmung zu gewährleisten.[225] Auf Grundlage von Tarifverträgen und in Ausnahmefällen auch von Betriebsvereinbarungen sollen alternative Arbeitnehmervertretungsstrukturen, die unternehmensspezifische Besonderheiten oder zum Zeitpunkt der BetrVG-Reform noch nicht absehbare Betriebs- und

---

223 Vgl. *Bonanni/Otte*, BB 2016, 1653 (1654).
224 S. dazu Kapitel 4 A.I.3.
225 BT-Drs. 14/5741, S. 23, 26 f.

Unternehmensstrukturen berücksichtigen, gebildet werden können.[226] Allerdings können die Parteien solch alternative Strukturen nicht nach Belieben vereinbaren, sondern sind an die in § 3 Abs. 1 BetrVG niedergelegten Voraussetzungen gebunden.[227] Ob diese hier gegeben sind, eine solche Anpassung sachdienlich und praktisch überhaupt umsetzbar ist und dadurch letztlich die Mitbestimmung in agilen Teams verbessert bzw. Mitbestimmungsdefizite, die mitunter durch die Einführung dieser Art der Arbeit befürchtet werden, verhindert werden können, bedarf einer genaueren Betrachtung.

a. Bildung eines Spartenbetriebsrats (§ 3 Abs. 1 Nr. 2 BetrVG)

Grundsätzlich denkbar ist eine alternative Gestaltung nach § 3 Abs. 1 Nr. 2 BetrVG. Diese Vorschrift ermöglicht Unternehmen und Konzernen, soweit diese nach produkt- oder projektbezogenen Geschäftsbereichen organisiert sind (Sparten) und in ebendiesen Entscheidungen in mitbestimmungspflichtigen Angelegenheiten getroffen werden, jeweils (Sparten-)Betriebsräte zu bilden. Voraussetzung ist, dass dadurch eine sachgerechte Wahrnehmung der Arbeitnehmerinteressen gewährleistet wird. Je nach Ausgestaltung können dann ein oder mehrere Sparten und entsprechend viele Spartenbetriebsräte bestehen, die für die den jeweiligen Sparten zugeordneten Arbeitnehmern an die Stelle des auf Ebene des Betriebs errichteten Betriebsrats treten.[228] Spartenbetriebsräte können auch betriebs- oder sogar unternehmensübergreifend errichtet werden.[229] Das ist eine für die Entwicklungsteams nicht uninteressante Gestaltungsmöglichkeit, sofern diese die genannten Voraussetzungen erfüllen.

Allerdings ist schon fraglich, ob es sich bei den Entwicklungsteams überhaupt um Sparten handelt. Die Einordnung bereitet mitunter Schwierigkeiten, da diesem Begriff kein einheitliches Verständnis zugrunde liegt. Der Begriff der Sparte stammt ursprünglich aus der Betriebswirtschaft. Es handelt sich dabei um weitgehend eigenverantwortliche, interne und meist rechtlich nicht selbständige Organisationseinheiten eines Unternehmens oder Konzerns, die nach gewissen Kriterien bestimmt werden.[230] Der betriebswirtschaftliche Begriff erfährt in § 3 Abs. 1 Nr. 2 BetrVG eine betriebsverfassungsrechtliche Ausgestaltung

---

226 BT-Drs. 14/5741, S. 27.

227 BAG v. 18.11.2014 – 1 ABR 21/13, Rn. 26; BAG v. 13.3.2013 – 7 ABR 70/11, Rn. 32; *Fitting*, BetrVG, § 3 Rn. 8.

228 Richardi/*Richardi*, BetrVG, § 99 Rn. 27.

229 BT-Drs. 14/5741, S. 34.

230 *Wendeling-Schröder*, NZA 1999, 1065 (1066).

dahingehend, dass Sparte hier als produkt- oder projektbezogener Geschäftsbereich definiert wird. Der in der Betriebsverfassung verwandte Begriff ist dadurch einerseits enger als der der Betriebswirtschaft, da von den möglichen Formen der Objektgliederung nur die – in der Praxis am häufigsten anzutreffende – Gliederung nach Produkten bzw. Produktgruppen erfasst wird, und andererseits weiter, als auch projektbezogene Geschäftsbereiche miteinbezogen werden.[231] Denn nach dem in der Betriebswirtschaftslehre vorherrschenden Verständnis stellen Organisationseinheiten, die nur zur Wahrnehmung von einmaligen und zeitlich befristeten Projekten gebildet werden, keine Sparten dar.[232] Da produkt- und projektbezogene Bereiche in betriebsverfassungsrechtlicher Hinsicht allerdings ähnliche Probleme aufwerfen können, scheint ihre Einbeziehung im Rahmen von § 3 Abs. 1 Nr. 2 BetrVG gerechtfertigt.[233] Nichtsdestotrotz werden Entwicklungsteams selten Sparten im Sinne dieser Vorschrift darstellen, fehlt es ihnen doch an der dafür erforderlichen Festigkeit und Verbundsstruktur.

Das kann letztlich aber auch dahinstehen, sollten die übrigen Voraussetzungen des § 3 Abs. 2 Nr. 1 BetrVG nicht gegeben sein. Es ist erforderlich, dass in den Sparten, d.h. im Fall agilen Arbeitens nach der Scrum-Methode in den Entwicklungsteams, Entscheidungen in beteiligungspflichtigen Angelegenheiten getroffen werden. Allerdings ist unklar, welche Anforderungen an die Leitung in diesem Sinne zu stellen sind. Es gibt keine Anhaltspunkte, dass es sich um maßgebliche Entscheidungen in wirtschaftlichen, personellen oder sozialen Angelegenheiten handeln muss.[234] Es reicht vielmehr aus, wenn die Sparte bzw. die Spartenleitung, sofern eine solche besteht – im Fall des Entwicklungsteams wird dieses als Ganzes die entsprechenden Entscheidungen treffen – mit mitbestimmungsrelevanten Befugnissen, wenn auch nur mit wenigen, ausgestattet ist.[235] Die Entwicklungsteams entscheiden etwa eigenverantwortlich anstelle des Arbeitgebers über Arbeitszeit und ggf. auch den Urlaub der Teammitglieder, mithin Angelegenheiten, die ein Mitbestimmungsrecht nach § 87 Abs. 1 Nr. 2, 3 oder 5 BetrVG auslösen können, so dass hier durchaus Entscheidungen in mitbestimmungspflichtigen Angelegenheiten fallen können.

---

231 *Friese,* RdA 2003, 92 (93); *Teusch,* NZA 2007, 124 (127).

232 *Friese,* RdA 2003, 92 (93); *Teusch,* NZA 2007, 124 (127).

233 *Teusch,* NZA 2007, 124 (127) Fn. 37.

234 D/K/W/*Trümner,* BetrVG, § 3 Rn. 73; *Fitting,* BetrVG, § 3 Rn. 40; *Teusch,* NZA 2007, 124 (127).

235 GK-BetrVG/*Franzen,* BetrVG, § 3 Rn. 14; *Heinkel,* Neustrukturierung von BR-Gremien nach § 3 BetrVG, S. 21.

Doch selbst wenn man dem folgt und die erforderliche Leitungsmacht bejaht, muss die Installierung eines Spartenbetriebsrats der sachgerechten Wahrnehmung der Aufgaben des Betriebsrats dienen.[236] Das ist vorliegend zweifelhaft, handelt es sich doch nur um einen relativ kleinen Bereich der mitbestimmungsrechtlich relevanten Entscheidungen, die tatsächlich von dem Entwicklungsteam getroffen werden. Die Autonomie der Entwicklungsteams wird kaum über solche Fragen hinausgehen. Zudem scheiden personelle Maßnahmen aus, weil das disziplinarische Weisungsrecht, an das hier angeknüpft wird, nach wie vor bei dem jeweiligen Vertragsarbeitgeber verbleibt.

b. Bildung eines unternehmenseinheitlichen Betriebsrats oder Zusammenfassung von Betrieben (§ 3 Abs. 1 Nr. 1 BetrVG) bzw. andere Arbeitnehmervertretungsstrukturen (§ 3 Abs. 1 Nr. 3 BetrVG)

Schließlich ist noch an alternative Gestaltungen nach § 3 Abs. 1 Nr. 1 bzw. Nr. 3 BetrVG zu denken. § 3 Abs. 1 Nr. 1 BetrVG ermöglicht Unternehmen mit mehreren Betrieben die Bildung eines unternehmenseinheitlichen Betriebsrats (lit. a) oder die Zusammenfassung von Betrieben (lit. b). Doch auch hier setzen beide Alternativen voraus, dass dies einer sachgerechten Wahrnehmung der Interessen der Arbeitnehmer dient. Dies ist insbesondere anzunehmen, wenn die Entscheidungskompetenzen in mitbestimmungspflichtigen Angelegenheiten zentral auf Unternehmensebene angesiedelt sind.[237] Die Einführung agiler Arbeitsmethoden geht jedoch mit dem Gegenteil einher, nämlich einer Dezentralisierung von Entscheidungskompetenzen. Entscheidungen fallen seltener auf Unternehmensebene, mitunter eben auch nicht mehr nur auf Betriebsebene, sondern in den Entwicklungsteams. Eine Regelung nach § 3 Abs. 1 Nr. 1 BetrVG, einen unternehmenseinheitlichen Betriebsrat zu bilden oder Betriebe zusammenfassen, wird einer effektiven Mitbestimmung insofern eher entgegenwirken und scheidet mithin aus.

Anders sieht es auch nicht im Fall von § 3 Abs. 1 Nr. 3 BetrVG aus, der als Generalklausel konzipiert ist.[238] Denn auch wenn man die Entwicklungsteams als besondere Organisationsform im Sinne dieser Vorschrift einstufen könnte, müsste dies wiederum einer wirksamen und zweckmäßigen Interessenvertretung der Arbeitnehmer dienen, was gleichgesetzt werden kann mit einer

---

236 *Fitting*, BetrVG, § 3 Rn. 41.
237 BT-Drs. 14/5741, S. 33 f.
238 *Fitting*, BetrVG, § 3 Rn. 46 ff.; Richardi/*Richardi*, BetrVG, § 3 Rn. 37.

sachgerechten Wahrnehmung der Interessen der Arbeitnehmer und letztlich nicht zu erwarten ist.

c. Probleme in der praktischen Umsetzung

Darüber hinaus lassen sich die in § 3 BetrVG vorgesehenen Gestaltungsmöglichkeiten, unabhängig vom Vorliegen ihrer Voraussetzungen, im Fall dieser höchst flexiblen Organisationsmodelle praktisch nur schwer realisieren. Denn auch wenn es scheint, als könnte diese Vorschrift eine adäquate Mitbestimmung in komplexen Organisationsformen begünstigen, sind die Möglichkeiten doch beschränkt. Dies folgt nicht zuletzt daraus, dass § 3 Abs. 2 BetrVG vorsieht, dass diese Gestaltungen nur durch Tarifvertrag und nur ausnahmsweise – aber nicht im Fall des § 3 Abs. 1 Nr. 3 BetrVG – auch durch Betriebsvereinbarung errichtet werden können. Tarifverträge bieten aber oft nicht die gewünschte und auch erforderliche Flexibilität, um solche Strukturen zu implementieren, etwa aufgrund umfangreicher und langwieriger Verhandlungen sowie der tendenziell längeren Vertragslaufzeiten, die zwar für eine gewisse Kontinuität der betrieblichen Strukturen erforderlich und hilfreich sind, den flexiblen Organisationsstrukturen aber wieder entgegenwirken.[239]

4. Zusammenfassung

Der Begriff des Betriebs als zentraler Anknüpfungspunkt der Betriebsverfassung ist flexibel genug, um auch neue Strukturen, die sich aufgrund alternativer Arbeitsformen ergeben, zu erfassen. Hält man an dem tradierten Betriebsbegriff fest, ergeben sich durch die agile Transformation indes keine neuen organisatorischen Einheiten. Letztlich fehlt es dafür in den einzelnen Einheiten in Form der Scrum-Teams stets an der (einheitlichen) Leitungsmacht, insbesondere in personellen Angelegenheiten. Eine Anpassung der betriebsverfassungsrechtlichen Organisation, um möglicherweise eine sachnähere Vertretung sicherzustellen, über § 3 BetrVG scheitert indes aufgrund der doch recht starren Voraussetzungen – wie etwa der Realisierung lediglich durch Tarifvertrag im Hinblick auf § 3 Abs. 1 Nr. 3 BetrVG.

---

239 Arnold/Günther ArbR 4.0-HdB/*Benecke*, Kapitel 7 Rn. 28.

II. Betriebsverfassungsrechtliche Zuordnung

1. Arbeitnehmereigenschaft

a. Begriff des Arbeitnehmers im Sinne des § 5 Abs. 1 BetrVG

Das BetrVG findet auf Arbeitnehmer Anwendung, § 5 Abs. 1 BetrVG. Das Gesetz enthält jedoch keine Definition des Arbeitnehmers. Deshalb ist auf den allgemeinen Arbeitnehmerbegriff zurückzugreifen, der nunmehr mittelbar in § 611a Abs. 1 BGB[240] niedergelegt ist und der der bis dahin vorherrschenden höchstrichterlichen Rechtsprechung entspricht.[241] Wesentlich ist die persönliche Abhängigkeit, die sich in der Weisungsgebundenheit sowie der Fremdbestimmtheit des zur Dienstleistung Verpflichteten zeigt.[242] Der Grad der persönlichen Abhängigkeit ist auch immer von der Eigenart der jeweiligen Tätigkeit abhängig und aufgrund einer wertenden Gesamtbetrachtung aller Umstände im Einzelfall vorzunehmen (§ 611a Abs. 1 S. 4, 5 BGB).

Agiles Arbeiten gewährt denjenigen, die in den agilen Teams eingesetzt werden, mehr Flexibilität nicht nur hinsichtlich Ort und Zeit, wie das bereits bei Home bzw. Mobile Office der Fall ist, sondern insbesondere hinsichtlich Planung und Durchführung ihrer Tätigkeit. Aufgrund dieses „Minus" an Weisungsgebundenheit, stellt sich die Frage, ob diese deshalb nach wie vor als Arbeitnehmer zu qualifizieren sind.

Modernen Arbeitsformen, zu denen agiles Arbeiten zu zählen ist, ist gemein, dass die „Grundpfeiler" des Arbeitsrechts, u.a. auch der Arbeitnehmerbegriff, erschüttert werden.[243] So verlieren die für den Arbeitnehmerbegriff prägenden Merkmale, allen voran das der Weisungsgebundenheit, an Kontur und Bedeutung.[244] Allerdings führt die teilweise oder auch gänzliche Nichtausübung des (fachlichen) Weisungsrechts, wie hier in Bezug auf die Tätigkeit im

---

240 Art. 2 des Gesetzes zur Änderung des Arbeitnehmerüberlassungsgesetzes und anderer Gesetze, BGBl. I 2017, S. 261.

241 Vgl. BT-Drs. 18/9232, S. 18; zur bis dato vorherrschenden Rechtsprechung, vgl. etwa BAG v. 11.8.2015 - 9 AZR 98/14, Rn. 16.

242 ErfK/*Preis,* BGB, § 611a Rn. 32.

243 Aufgrund dessen wird im Rahmen von „Arbeit 4.0" v.a. die Arbeitnehmereigenschaft von Crowdworkern kontrovers diskutiert. Ausführlich zu dieser Thematik s. etwa *Bayreuther,* Sicherung der Leistungsbedingungen von (Solo-)Selbständigen, Crowdworkern und anderen Plattformbeschäftigten; *Giesen/Kersten,* Arbeit 4.0, S. 107 ff.

244 Zu den Veränderungsprozessen sowie dem Arbeitnehmerbegriff im Rahmen der Digitalisierung s. Benecke/*Maties,* Unternehmen 4.0, S. 39 ff.; *Krause,* Gutachten B zum 71. DJT, S. B 10 ff.

Entwicklungsteam, noch nicht zwangsläufig zur Infragestellung der Arbeitnehmereigenschaft.[245] Dies gilt insbesondere, wenn die Parteien ausdrücklich einen Arbeitsvertrag geschlossen haben. Zwar stellt die Rechtsprechung bei der Abgrenzung zwischen abhängiger und selbständiger Tätigkeit im Zweifel auf die tatsächliche Durchführung des Vertrags und nicht die vertragliche Gestaltung ab,[246] was nunmehr auch § 611a Abs. 1 S. 6 BGB zu entnehmen ist. Die tatsächliche Durchführung ist allerdings nur maßgebend, wenn die Parteien das Vertragsverhältnis nicht als Arbeitsverhältnis, sondern als freies Dienstverhältnis ausgestalten, obgleich der Dienstverpflichtete weisungsgebunden tätig wird.[247] Grund hierfür ist, dass demjenigen, der de facto Arbeitnehmer ist, der Schutz des Arbeitsrechts als zwingendem Arbeitnehmerschutzrecht nicht aufgrund einer bloß formal geschlossenen Vereinbarung verwehrt werden soll. Daraus ist im Umkehrschluss aber nicht herzuleiten, dass ein vereinbartes Arbeitsverhältnis durch die Nichtausübung von Weisungsrechten zu einem freien Dienstverhältnis und der vermeintliche Arbeitnehmer seines Schutzes verlustig wird. Sollte dies wirklich der Wille der Parteien sein, so müssen sie dies vielmehr unmissverständlich zum Ausdruck bringen.[248]

Zudem zeigt ein Vergleich mit Arbeitnehmern, die Dienste höherer Art ausführen, dass der Grad an Weisungsgebundenheit variieren kann, ohne dass diesen dadurch sogleich die Arbeitnehmereigenschaft abgesprochen wird.[249] Die weitgehende Weisungsfreiheit, die den Dienstverpflichteten ein hohes Maß an Gestaltungsfreiheit, Eigeninitiative und Selbständigkeit gewährt, ist für diese Art der Tätigkeit gerade typisch.[250] Solche Fälle sind auch bei Anwendung der Scrum-Methode durchaus denkbar, wenn die Besten ihres Fachs, die über besondere Fachkenntnisse verfügen, zusammengezogen werden, um gemeinsam komplexe Aufgaben zu lösen und das bestmögliche Ergebnis zu erzielen.

Auch der für die Scrum-Methode typische Mangel an Weisungsgebundenheit stellt letztlich die Arbeitnehmereigenschaft der an den Projekten Beschäftigten nicht gänzlich in Frage. Das gilt umso mehr, als das Weisungsrecht nicht abbedungen, sondern lediglich temporär nicht ausgeübt wird, so dass der Arbeitgeber

---

245 *Günther/Böglmüller,* NZA 2019, 273 (276); *Wallisch,* NZA-Beilage 2018, 81 (83).

246 BAG v. 12.9.1996 – 5 AZR 1066/94, II.2. d. Gründe; BAG v. 26.5.1999 – 5 AZR 469/98, I. d. Gründe.

247 Zuletzt BAG v. 25.1.2007 – 5 AZB 49/06.

248 BAG v. 25.1.2007 – 5 AZB 49/06, Rn. 12.

249 BAG v. 27.7.1961 – 2 AZR 255/60.

250 BAG v. 20.7.1994 – 5 AZR 627/93, B.I. d. Gründe m.w.N.

von dem Weisungsrecht, jedenfalls im Ausnahmefall, jederzeit wieder Gebrauch machen kann. Anderenfalls könnte der Arbeitgeber durch die Nichtausübung des Weisungsrechts unter Umständen über den Status des Arbeitnehmers und mithin dessen arbeitsrechtlichen Schutz bestimmen.

Eine Gesamtwürdigung spricht grundsätzlich für die Annahme der Arbeitnehmereigenschaft der in agilen Teams Beschäftigten – selbst wenn die Eingliederung im Einzelfall zweifelhaft sein kann. Es sind keine Gründe ersichtlich, diesen Beschäftigten den Schutz des Arbeitsrechts zu entziehen, nur, weil sie nicht mehr wie bisher in der Linienorganisation, sondern in agilen Teams eingesetzt werden, letztlich aber eine im Wesentlichen vergleichbare Tätigkeit ausüben. Zudem ist eine jederzeitige Rückkehr in die Linienorganisation, sofern ein Unternehmen nicht gänzlich umstrukturiert wird, nach wie vor denkbar, wenn die Parteien nichts Abweichendes vereinbaren.

Im Rahmen der Betriebsverfassung wird zudem in § 5 Abs. 1 S. 1 BetrVG a.E. noch einmal klargestellt, dass es der Eigenschaft als Arbeitnehmer nicht entgegensteht, wenn die Tätigkeit außerhalb der Betriebsstätte erbracht wird. Das gilt nicht nur für die im Gesetz genannten Außendienst- oder Telearbeiter, sondern für sämtliche neuen Beschäftigungsformen, bei denen Arbeitnehmer überwiegend mit Hilfe neuer Informations- und Kommunikationstechnologien von unterschiedlichsten Orten aus miteinander kommunizieren. Der Mangel an persönlicher Abhängigkeit, der mit agiler Arbeit einhergeht, schadet per se noch nicht.[251]

b. Sonderfall: Scrum Master als leitender Angestellter im Sinne des § 5 Abs. 3 BetrVG

Im Fall des Scrum Masters stellt sich die Frage, ob dieser als leitender Angestellter im Sinne des § 5 Abs. 3 BetrVG einzustufen ist. Auch leitende Angestellte sind Arbeitnehmer im allgemeinen Sinn.[252] Das BetrVG findet auf diese allerdings keine Anwendung, soweit im Gesetz nicht ausdrücklich etwas anderes bestimmt ist (z.B. in § 105 BetrVG). Die „Ausgrenzung“ leitender Angestellten beruht auf der Annahme, dass jene durch die Wahrnehmung unternehmerischer Aufgaben der Arbeitgeberseite mehr zugewandt, und damit nicht gleichsam wie die übrigen Arbeitnehmer dem Interessenkonflikt zwischen Arbeitgeber und Betriebsrat ausgesetzt sind.[253]

---

251 *Fitting*, BetrVG, § 5 Rn. 186.
252 *Fitting*, BetrVG, § 5 Rn. 347.
253 BAG v. 16.4.2002 – 1 ABR 23/01; ErfK/*Koch*, BetrVG, § 5 Rn. 17.

§ 5 Abs. 3 S. 2 BetrVG definiert, wer leitender Angestellter im Sinne des BetrVG ist. In Bezug auf den Scrum Master kommt allenfalls § 5 Abs. 3 S. 2 Nr. 3 BetrVG in Betracht. Hierfür bedarf es aufgrund des Arbeitsvertrags und der Stellung im Unternehmen, d.h. in rechtlicher und tatsächlicher Hinsicht, der regelmäßigen Wahrnehmung von Aufgaben, die für den Bestand und die Entwicklung des Unternehmens oder Betriebs von Bedeutung sind und deren Erfüllung besondere Erfahrungen und Kenntnisse voraussetzt sowie diesbezüglicher Entscheidungsfreiheit bzw. maßgeblichen Einflusses auf die zu treffenden Entscheidungen. In Bezug auf den Scrum Master stellt sich schon die Frage, inwiefern es sich bei dessen Tätigkeit um jedenfalls teilweise unternehmerische Gesamtaufgaben handelt. Der Scrum Master steht dem Entwicklungsteam nur noch unterstützend zur Seite, hat aber keinerlei Einfluss auf die Zusammensetzung des Entwicklungsteams oder die Inhalte ihrer Tätigkeit. Zwar spielt er eine zentrale Rolle, versucht er doch zu gewährleisten, dass die Arbeit im Scrum-Team reibungslos bewältigt werden kann. Dabei wird er organisatorisch tätig, aber nicht in Bezug auf das Unternehmen, sondern lediglich in Bezug auf das Entwicklungsteam. Unternehmerische Entscheidungen, die zu treffen wären, sind darin nicht zu sehen. Darüber hinaus scheitert die Einstufung als leitender Angestellter jedenfalls an der nicht vorhandenen Entscheidungsbefugnis bzw. dem maßgeblichen Einfluss auf unternehmerische Entscheidungen. Daran fehlt es, wenn man nur bei der rein arbeitstechnischen, vorbestimmten Durchführung unternehmerischer Entscheidungen eingeschaltet wird, etwa im Rahmen von Aufsichts- oder Überwachungsaufgaben.[254] So liegt der Fall gerade hier, da der Scrum Master keine Weisungen gegenüber dem Entwicklungsteam ausspricht, sondern nur als „Moderator", „Coach" o.ä. auftritt, d.h. letztlich eben nur die Aufgaben des Entwicklungsteams unterstützt. All das reicht aber nicht aus, um in dem Scrum Master einen leitenden Angestellten nach § 5 Abs. 3 S. 2 Nr. 3 BetrVG zu sehen. Auch ein Rückgriff auf § 5 Abs. 4 BetrVG führt zu keinem anderen Ergebnis. Somit ist auch für den Scrum Master der Anwendungsbereich des BetrVG eröffnet, sofern er die Eigenschaften des allgemeinen Arbeitnehmerbegriffs erfüllt.

2. *Betriebszugehörigkeit*

Im Betriebsverfassungsrecht stellt sich im Rahmen der Arbeitnehmereigenschaft noch die Frage der Betriebszugehörigkeit, d.h. welcher organisatorischen

---

254 BAG v. 5.6.2014 – 2 AZR 615/13, Rn. 51.

Einheit die Arbeitnehmer, die nunmehr in wechselnden Teams zusammenarbeiten, zuzuordnen sind. Dies ist von grundlegender Bedeutung als sich hiernach neben Wahlberechtigung und Wählbarkeit der Arbeitnehmer unter anderem bestimmt, welcher Betriebsrat zur Wahrnehmung der entsprechenden Mitwirkungs- und Mitbestimmungsrechte zuständig ist oder welche Betriebsvereinbarungen zu beachten sind.[255]

Doch die Voraussetzungen, unter denen Arbeitnehmer als betriebszugehörig anzusehen sind, sind umstritten. Die Eingliederung in einen Betrieb ist dabei in jedem Fall ein für die Betriebszugehörigkeit konstitutives Merkmal. Allerdings verliert dieses Merkmal nach und nach an Bedeutung und führt mitunter nicht immer zu sachgerechten bzw. rechtssicheren Ergebnissen. Deshalb stellt sich zunächst die Frage, ob es bei dem tradierten Eingliederungsbegriff bleiben kann und ob die Eingliederung, die oft auch als tatsächliche Komponente der Betriebszugehörigkeit bezeichnet wird, für deren Bestimmung ausreicht oder es zudem nicht auch noch einer rechtlichen Komponente in Form eines bestehenden Arbeitsverhältnisses bedarf. Sodann ist zu beurteilen, ob bzw. welchem Betrieb die in den agilen Teams eingesetzten Arbeitnehmer zuzuordnen sind und ob darüber hinaus nicht Handlungsbedarf besteht, um eine ausreichende Repräsentation der Arbeitnehmer zu gewährleisten.

a. Eingliederungsbegriff als Grundlage

Es ist zunächst zu klären, was überhaupt unter dem Merkmal der Eingliederung zu verstehen ist. Denn es fehlt an einer allgemeingültigen Definition des Eingliederungsbegriffs, was eine Zuordnung erschwert.

Das Abstellen auf eine lediglich tatsächliche Einbindung des Arbeitnehmers in die betriebliche Organisation, beispielsweise durch die bloße Ausübung der Tätigkeit in den betrieblichen Räumlichkeiten, die Zusammenarbeit mit anderen in dem Betrieb Beschäftigten oder die Benutzung technischer Systeme oder Einrichtungen, darf nicht ausreichen, um eine Eingliederung anzunehmen. Eine solche tatsächliche Einbindung lässt sich auch immer weniger nachvollziehen in Zeiten, in denen Arbeitnehmer zunehmend von nahezu jedem beliebigem Platz aus tätig werden (z.B. im Home Office oder Mobile Office) und mitunter sogar ihre privat angeschafften technischen Geräte für dienstliche Zwecke verwenden können (Bring your own device[256]). Zwar ist darüber nachzudenken, andere

---

255 D/K/W/*Trümner*, BetrVG, § 5 Rn. 13.

256 Überblick zu den rechtlichen Voraussetzungen und Konsequenzen von „BYOD“, s. *Pollert*, NZA-Beilage 2014, 152.

Kriterien für die Beurteilung heranzuziehen und in Zeiten der Digitalisierung eher an die Einbindung in (globale) Informations- und Datennetze oder die Zurverfügungstellung von Datenbanken anzuknüpfen.[257] Letztlich geht die tatsächliche Einbindung aber zu weit, um eine Eingliederung zu bejahen, schließlich wäre damit faktisch jede im Betrieb in irgendeiner Weise tätige Person, wenn sie etwa die Büro- oder IT-Infrastruktur eines Betriebs nutzt, als eingegliedert anzusehen. Um den Anwendungsbereich des Arbeitnehmerschutzrechts, zu dem auch das Betriebsverfassungsrecht zählt, nicht ausufern zu lassen, bedarf es insoweit einer Einschränkung.[258] In der Rechtsprechung und Literatur hat sich inzwischen ein Eingliederungsbegriff herausgebildet, der nicht nur auf die tatsächliche Einbindung in die betriebliche Organisation abstellt, sondern darüber hinaus auf die Organisations- und Weisungsgebundenheit. Demnach liegt eine Eingliederung vor, wenn Arbeitnehmer durch weisungsgebundene Tätigkeiten zum Erreichen des arbeitstechnischen Zwecks des Betriebs beitragen.[259] Die Eingliederung ist mithin auch nicht räumlich, sondern funktional zu bestimmen.[260] Zwar wird auch hier eine Bestimmung der Eingliederung immer schwieriger aufgrund der Dezentralisierung von Entscheidungsprozessen und den damit einhergehenden Veränderungen der Weisungs- und Berichtswege, die nicht mehr ohne weiteres zu bestimmen sind.[261] Doch auch wenn im Fall moderner Arbeitsformen die Weisungsgebundenheit abnimmt, ist dieses Kriterium immer noch am geeignetsten eine Vielzahl an Fällen zu erfassen und wird auch dem Sinn und Zweck betrieblicher Mitbestimmung am ehesten gerecht. Denn letztlich stellt die Mitbestimmung ein Korrektiv zur Alleinentscheidungsbefugnis des Arbeitgebers dar, die dadurch in angemessenem Maße im Sinne einer vertrauensvollen Zusammenarbeit begrenzt werden soll.

Mitunter wird die Eingliederung noch über das Vorliegen einer Einstellung im Sinne des § 99 BetrVG konstruiert.[262] Zwar ist der Einstellungsbegriff auch bereits Gegenstand von Diskussionen gewesen, letztlich wird er aber überwiegend über die Eingliederung in den Betrieb, die sich wieder in einer

257 So bereits *Linnenkohl*, BB 1998, 45 (47 f.).

258 Vgl. *Linnenkohl*, BB 1998, 45 (47 f.).

259 BAG v. 5.12.2012 – 7 ABR 48/11, Rn. 18; BAG v. 22.3.2000 – 7 ABR 34/98, B.II.2.a.aa. d. Gründe m.w.N.; *Fitting*, BetrVG, § 7 Rn. 16; GK-BetrVG/*Raab*, § 7 Rn. 23.

260 GK-BetrVG/*Raab*, § 7 Rn. 22 f.

261 *Franzen*, Folgen von Industrie 4.0 für die Betriebsverfassung, S. 109 (114).

262 D/K/W/*Trümner*, BetrVG, § 5 Rn. 25 ff.; Richardi/*Thüsing*, BetrVG, § 7 Rn. 19; Thüsing/*Thüsing*, AÜG, § 14 Rn. 54; *Richardi*, FS Wank, S. 465 (468).

weisungsgebundenen Tätigkeit ausdrückt, definiert.[263] Ob es des Weges über § 99 BetrVG nun bedarf, kann dahingestellt bleiben.

Jedenfalls kann festgehalten werden, dass es bei dem tradierten Eingliederungsbegriff – obgleich dieser am Weisungsrecht festgemacht wird – bleiben kann, denn ein verlässlicheres Kriterium zur Bestimmung der Eingliederung ist auch in Zeiten der Digitalisierung, in denen die Bedeutung des Weisungsrechts abnimmt, nicht ersichtlich. In einer Vielzahl an Fällen wird das nach wie vor das entscheidende und letztlich doch noch immer prägende Merkmal eines Arbeitsverhältnisses sein.

b. Allgemeine Bestimmung der Betriebszugehörigkeit unter Zugrundelegung des Eingliederungsbegriffs

In der Literatur gibt es nun Teile, die die Betriebszugehörigkeit lediglich auf Basis dieses Eingliederungsbegriffs bestimmen und eine rechtliche Beziehung des Arbeitnehmers zum Betrieb für gänzlich entbehrlich halten.[264] Diese Ansicht überzeugt indes nicht, jedenfalls wenn im Hinblick auf die Eingliederung zugleich auf die nicht nur rein tatsächliche Einbindung, sondern auf die für ein Arbeitsverhältnis typische Weisungsgebundenheit abgestellt wird. Der Arbeitgeber übt sein Weisungsrecht schließlich auf Grundlage eines rechtlichen Verhältnisses, mithin des Arbeitsverhältnisses, aus. Damit ist, wenn die Weisungsgebundenheit mit in die Eingliederung einbezogen wird, jedenfalls nicht nachvollziehbar, warum bzw. wie die Betriebszugehörigkeit anhand rein tatsächlicher Komponenten bestimmt werden soll.[265]

Deshalb ist die lange Zeit in Rechtsprechung und Literatur vorherrschende Zwei-Komponenten-Lehre insoweit überzeugender, als zur Bestimmung der Betriebszugehörigkeit das Vorliegen sowohl einer rechtlichen als auch tatsächlichen Komponente verlangt wird. Demnach sei für die Betriebszugehörigkeit sowohl das Bestehen eines Rechts-, mithin Arbeitsverhältnisses zu dem Betriebsinhaber, als auch die Eingliederung in dessen betriebliche Organisation erforderlich.[266]

---

263 Vgl. ErfK/*Kania*, BetrVG, § 99 Rn. 4 ff.

264 *Säcker/Joost*, Betriebszugehörigkeit, S. 39 ff.; in diese Richtung auch D/K/W/*Trümner*, BetrVG, § 5 Rn. 13 ff., 25 ff.

265 GK-BetrVG/Raab, § 7 Rn. 27.

266 BAG v. 10.3.2004 – 7 ABR 49/03, B.I.1.a.aa. d. Gründe m.w.N.; GK-BetrVG/*Raab*, BetrVG, § 7 Rn. 18 m.w.N.

Allerdings stößt die Zwei-Komponenten-Lehre bei atypischen Gestaltungen wie der der aufgespaltenen Arbeitgeberstellung, etwa im Fall des drittbezogenen Personaleinsatzes, an ihre Grenzen. Deshalb hat das BAG diese Lehre im Hinblick auf derartige Konstellationen teilweise aufgegeben.[267] Schließlich könnten Arbeitnehmer bei einer uneingeschränkten Anwendung weder dem einen Betrieb mangels vertraglicher Bindung noch dem anderen Betrieb mangels Eingliederung zugeordnet werden. Es bedürfe daher differenzierender Lösungen, die zum einen ausdrücklich normierte spezialgesetzliche Konzepte und zum anderen die Funktion des Arbeitnehmerbegriffs im jeweiligen betriebsverfassungsrechtlichen Zusammenhang angemessen berücksichtigen.

Eine gänzliche Aufgabe der Zwei-Komponenten-Lehre geht damit aber nicht einher. Diese führt in Zwei-Personen-Verhältnissen nach wie vor zu sachgerechten Ergebnissen und ist deshalb im Grundsatz nach wie vor maßgeblich.[268] Lediglich im Hinblick auf atypische Fallgestaltungen ist mit der differenzierenden Ansicht des BAG eine normzweckorientierte Bestimmung der Betriebszugehörigkeit vorzunehmen.

c. Betriebszugehörigkeit im Entwicklungsteam

aa. Betriebszugehörigkeit in unternehmensintern eingesetzten Entwicklungsteams

Nun ist die Frage, wie sich diese Grundsätze auf die Betriebszugehörigkeit der in agilen Teams eingesetzten Arbeitnehmer auswirken. Solange die Scrum-Methode unternehmensintern und darüber hinaus innerhalb eines Betriebs eingeführt wird, ist die Zwei-Komponenten-Lehre ohne weiteres anwendbar. Besonderheiten sind in diesem Fall nicht ersichtlich.

Anders verhält es sich in dem Fall des Einsatzes von Arbeitnehmern in unternehmensinternen, aber betriebsübergreifend tätig werdenden Teams. Welchem Betrieb ein Arbeitnehmer sodann zugehörig ist, ist weniger eine Frage des nach der Zwei-Komponenten-Lehre erforderlichen Bestehens eines Arbeitsverhältnisses, schließlich besteht dieses in jedem Fall mit ein- und demselben Arbeitgeber, sondern vielmehr eine solche der Eingliederung. Die Betriebszugehörigkeit ist somit anhand des Eingliederungsbegriffs zu bestimmen, der hier den Dreh- und Angelpunkt darstellt. Aufgrund des Weisungsdefizits in agilen Teams könnte man zunächst sagen, dass „Alles an Nichts“ festgemacht wird, da

267 BAG v. 5.12.2012 – 7 ABR 48/11.

268 *Franzen*, Folgen von Industrie 4.0 für die Betriebsverfassung, S. 109 (114); MHdB-ArbR/*Krois*, § 291 Rn. 74.

die Eingliederung wiederum an der Weisungsgebundenheit anknüpft. Nichtsdestotrotz kann man auch in diesen Fällen agilen Arbeitens nach wie vor die Betriebszugehörigkeit aufgrund des tradierten Eingliederungsbegriffs bestimmen. Schließlich sollte beachtet werden, dass das Weisungsrecht nicht gänzlich aufgegeben wird, sondern nur auf die Ausübung des fachlichen Weisungsrechts während der Projektlaufzeit verzichtet wird. Dadurch, dass dieses auch nicht anderweitig delegiert wird, kann der bisherige Betriebsinhaber nach wie vor – wenn auch im Idealfall nicht vorgesehen – davon Gebrauch machen. Zudem wird das disziplinarische Weisungsrecht durchweg, wie bislang auch, weiter ausgeübt. Es bestehen damit trotz des zeitweiligen Ausübungsverzichts des fachlichen Weisungsrechts durchaus Weisungs- und Berichtsstrukturen, aufgrund derer die Arbeitnehmer jedenfalls ihrem bisherigen Betrieb zugeordnet werden können. Dahingegen wird eine Betriebszugehörigkeit (auch) zu einem anderen Betrieb (doppelte Betriebszugehörigkeit) nur in seltenen Fällen vorkommen. Denkbar ist dies insbesondere, wenn die Scrum-Methode nicht in Reinform ausgeübt wird, sondern beispielsweise in Kombination mit einer Matrixstruktur und einer damit entsprechend einhergehenden Delegation von Weisungsrechten auf Matrixmanager eingeführt wird,[269] was dann allerdings nur noch wenig mit der ursprünglichen Idee der Scrum-Methode zu tun hat.[270]

bb. Betriebszugehörigkeit in unternehmensübergreifend eingesetzten Entwicklungsteams

Dies gilt im Grundsatz auch für im Rahmen von Werk- und Dienstverträgen eingesetzte Arbeitnehmer in unternehmensübergreifenden Teams. Diese sind jedenfalls ihrem bisherigen Betrieb zuzuordnen mit der Folge, dass ein dort eingerichteter Betriebsrat für die Wahrnehmung ihrer Interessen zuständig ist. Doch es stellt sich die Frage, ob die Arbeitnehmer dadurch auch während ihres Einsatzes ausreichend Schutz in Sachen betrieblicher Mitbestimmung genießen oder es nicht vielmehr differenzierender Lösungen – entsprechend den sonstigen Fällen des drittbezogenen Personaleinsatzes wie etwa der Arbeitnehmerüberlassung – bedarf, um diesen zu gewährleisten.

---

269 Zur Betriebszugehörigkeit in Matrixstrukturen, s. u.a. *Berger,* Organisation der Betriebsverfassung im matrixorganisierten Konzern, S. 297 ff.; *Schubert,* Betriebliche Mitbestimmung in Unternehmen und Konzernen mit Matrixorganisation, S. 31 ff.; *Bachner,* NZA 2019, 134 (137); *Witschen,* RdA 2016, 38 (45 f.).

270 Vgl. *Sutherland/Schwaber,* Scrum Guide, insbesondere S. 19.

(1) Ausführungen zur Betriebszugehörigkeit im Fall des drittbezogenen Personaleinsatzes am Beispiel der Arbeitnehmerüberlassung - § 14 AÜG

Für einige Fälle des drittbezogenen Personaleinsatzes ist die betriebsverfassungsrechtliche Stellung der Arbeitnehmer in nicht unbeträchtlichem Umfang bereits im BetrVG und anderen Gesetzen geregelt, obgleich ein einheitliches Regelungskonzept nicht ersichtlich ist.[271] Für den Fall der Arbeitnehmerüberlassung ist v.a. § 14 AÜG herauszugreifen, der die betriebsverfassungsrechtliche Stellung der zur Arbeitsleistung überlassenen Arbeitnehmer im bisherigen Betrieb sowie Einsatzbetrieb im Wesentlichen regelt. In § 14 Abs. 1 AÜG ist festgesetzt, dass die Arbeitnehmer grundsätzlich ihrem bisherigen Betrieb – auch während ihres Einsatzes in einem anderen Betrieb – zuzuordnen sind. § 14 Abs. 3 S. 1 AÜG enthält davon die Ausnahme, dass der Betriebsrat des Einsatzbetriebs vor der Übernahme eines solchen Arbeitnehmers zur Arbeitsleistung nach § 99 BetrVG zu beteiligen ist. Dies ermöglicht – insbesondere unter Berücksichtigung der Aufgabe der Zwei-Komponenten-Lehre und der damit einhergehenden Möglichkeit differenzierender Lösungen für derartige Fälle[272] – die zur Arbeitsleistung überlassenen Arbeitnehmer nicht nur dem bisherigen Betrieb, sondern darüber hinaus auch dem Einsatzbetrieb zuzuordnen.[273] Inwieweit dies möglich und notwendig ist, richtet sich danach, ob bzw. inwiefern § 14 Abs. 3 S. 1 AÜG abschließend ist. Es herrscht weitgehend Einigkeit, sowohl in der Rechtsprechung als auch in der Literatur, dass die Vorschrift nicht abschließend sein soll.[274]Zwar spricht der Wortlaut, wonach lediglich auf § 99 BetrVG Bezug genommen wird, zunächst gegen diese Ansicht, insbesondere Sinn und Zweck der Vorschrift gebieten jedoch eine entsprechende Auslegung. Bereits in der Begründung des Regierungsentwurfs heißt es, dass diese Regelung nicht abschließender Natur und vielmehr die Feststellung etwaiger weiterer Beteiligungsrechte des Betriebsrats im Einsatzbetrieb durch die Rechtsprechung, entsprechend eines Beschlusses des BAG aus dem Jahr 1974[275] und aufgrund der allgemeinen Schutzfunktion des Betriebsverfassungsrechts, möglich sein soll.[276]

---

271 BAG v. 5.12.2012 – 7 ABR 48/11, Rn. 21.

272 S. Kapitel 4 – A.II.2.b.

273 Thüsing/*Thüsing*, AÜG, § 14 Rn. 104 f.

274 S. statt vieler BAG v. 15.12.1992 – 1 ABR 38/92, B.II. d. Gründe; ErfK/*Wank*, AÜG, § 14 Rn. 1; S/H/*Hamann*, AÜG, § 14 Rn. 14; Thüsing/*Thüsing*, AÜG, § 14 Rn. 104; Ulber/*Dohna-Jaeger*, AÜG, § 14 Rn. 95.

275 BAG v. 14.5.1974 — 1 ABR 4/73.

276 BT-Drs. 9/847, S. 8 f.

Fraglich ist jedoch, auf welche Beteiligungsrechte sich § 14 Abs. 3 S. 1 AÜG sodann tatsächlich erstreckt. Grundsätzlich ist an allgemeine Aufgaben im Sinne des BetrVG sowie Beteiligungsrechte sowohl in wirtschaftlichen, personellen als auch sozialen Angelegenheiten zu denken. Entscheidend ist letztlich immer, woran die jeweilige Vorschrift des BetrVG anknüpft. Es geht folglich in erster Linie um die Frage, von wem die jeweilige Arbeitgeberfunktion ausgeübt wird – schließlich stellen die von dem Betriebsrat wahrzunehmenden Rechte das Korrektiv zu den jeweiligen Entscheidungen dar.[277] Besonders gut zeigt sich dies an den Mitbestimmungsrechten in sozialen Angelegenheiten nach § 87 BetrVG. Zumal die wirtschaftlichen und auch personellen Angelegenheiten in dieser Konstellation häufig nicht gleichermaßen zum Tragen kommen.[278] Im Rahmen von § 87 BetrVG kann grundsätzlich danach differenziert werden, ob der jeweilige Mitbestimmungstatbestand eine Eingliederung in die fremde Arbeitsorganisation, die nach wie vor in der Regel an der Weisungsgebundenheit festgemacht wird, erfordert, ob dieser bereits durch die bloß tatsächliche Erbringung der Arbeitsleistung im Betrieb ausgelöst wird oder ob dieser an die arbeitsvertragliche Beziehung anknüpft.[279] Allerdings ist stets in Bezug auf jeden einzelnen Mitbestimmungstatbestand unter Berücksichtigung des jeweiligen Normzwecks zu prüfen, ob dieser im Hinblick auf die betroffenen Arbeitnehmer zu sachgerechten Ergebnissen führt.[280]

(2) Übertragung der Grundsätze auf die Zusammenarbeit in den Entwicklungsteams

In welchen Konstellationen die Beteiligungsrechte im Rahmen der Arbeitnehmerüberlassung von dem Betriebsrat des bisherigen Betriebs oder des Einsatzbetriebs wahrzunehmen sind, wird in der Kommentarliteratur ausführlich besprochen,[281] weshalb hier unter Berücksichtigung der eben dargestellten Grundsätze und eben dieser Literatur nur darauf eingegangen wird, inwiefern sich Mitbestimmungsrechte „aus Schutzgründen" bei der

277 Thüsing/*Thüsing*, AÜG, § 14 Rn. 105.

278 Vgl. zu personellen und wirtschaftlichen Angelegenheiten statt vieler Thüsing/*Thüsing*, AÜG, § 14 Rn. 151 ff.

279 S/H/*Hamann*, AÜG, § 14 Rn. 293.

280 *Linsenmaier/Kiel*, RdA 2014, 138 (150).

281 S. etwa S/H/*Hamann*, AÜG, § 14 Rn. 192 ff.; Thüsing/*Thüsing*, AÜG, § 14 Rn. 103 ff.; Ulber/*Dohna-Jaeger*, AÜG, § 14 Rn. 95 ff.

unternehmensübergreifenden Zusammenarbeit nach der Scrum-Methode auf Werk- bzw. Dienstvertragsbasis ergeben können.

(a) In Betracht kommende Mitbestimmungstatbestände

§ 14 Abs. 3 S. 1 AÜG spricht zunächst von einer Beteiligung nach § 99 BetrVG im Fall einer „Übernahme". Für eine „Übernahme" im Sinne der Vorschrift ist jedoch die für eine Einstellung im Sinne des § 99 BetrVG erforderliche Eingliederung notwendig.[282] Zu einer Eingliederung wird es jedoch im Fall der Zusammenarbeit nach der Scrum-Methode nicht kommen, wenn entsprechend den Regeln keine arbeitsrechtlichen Weisungen erteilt werden. Es geht hier umso mehr um die Frage, wie es sich – von wirtschaftlichen und personellen Angelegenheiten abgesehen, da diese nicht derart ins Gewicht fallen – mit den Beteiligungsrechten in sozialen Angelegenheiten nach § 87 BetrVG verhält. In Betracht kommen v.a. § 87 Abs. 1 Nr. 1 bis 3, 5 bis 7 sowie 10 und 11 BetrVG.[283]

Zunächst einmal ist auf die die Arbeitszeit betreffenden Mitbestimmungstatbestände des § 87 Abs. 1 Nr. 2 und 3 BetrVG einzugehen. Zweck des § 87 Abs. 1 Nr. 2 BetrVG ist die Geltendmachung der Interessen der Arbeitnehmer an der Lage ihrer Arbeitszeit.[284] § 87 Abs. 1 Nr. 3 BetrVG hingegen hat den Zweck die unternehmerische Entscheidungsautonomie bei der Personalgewinnung zu beschränken.[285] In beiden Fällen ist für die Frage, in welchem Betrieb der Betriebsrat mitzubestimmen hat, entscheidend, wer – aufgrund seines arbeitsrechtlichen Weisungsrechts – Beginn und Ende der Arbeitszeit festlegen bzw. eine Verkürzung oder Verlängerung der betriebsüblichen Arbeitszeit anordnen kann.[286] Entscheidend ist also die Ausübung des Weisungsrechts, das aber grundsätzlich schon im Fall des Einsatzes auf Basis eines Werk- oder Dienstvertrags nicht auf den Inhaber eines anderen Betriebs übertragen wird und im Fall des agilen Zusammenarbeitens nach der Scrum-Methode erst recht nicht in Betracht kommt, da in den autonom agierenden Teams keine Weisungen notwendig sein sollen. Letztlich würde die Mitbestimmung durch den Betriebsrat die Autonomie an dieser Stelle auch eher beschränken. Dieses „Plus" an Weisungsfreiheit sollte von den Betriebsräten akzeptiert werden, haben diese doch

282 Thüsing/*Thüsing*, AÜG, § 14 Rn. 164.

283 S. ausführlich zu einzelnen Mitbestimmungstatbeständen in sozialen Angelegenheiten und ihren Besonderheiten bei der Anwendung der Scrum-Methode Kapitel 4 – C.IV.

284 *Fitting*, BetrVG, § 87 Rn. 95.

285 Richardi/*Richardi*, BetrVG, § 87 Rn. 345.

286 Thüsing/*Thüsing*, AÜG, § 14 Rn. 124, 127.

nach § 75 Abs. 2 S. 2 BetrVG die Selbständigkeit und Eigeninitiative der Arbeitnehmer zu fördern.

Darüber hinaus kommt die Beteiligung in Fragen der Urlaubsgestaltung nach § 87 Abs. 1 Nr. 5 BetrVG sowie der Lohngestaltung nach § 87 Abs. 1 Nr. 10 und 11 BetrVG in Betracht. In all diesen Fällen ist allerdings regelmäßig – mit wenigen Ausnahmen, die hier kaum denkbar sind, etwa dass der Inhaber des anderen Betriebs vermögenswerte Leistungen gewährt – der Vertragsarbeitgeber Schuldner des Urlaubs- bzw. Lohnanspruchs.[287] Einer Ausübung dieser Mitbestimmungsrechte durch einen anderen Betriebsrat als den des Ausgangsbetriebs bedarf es daher nicht.

Interessanter wird es bei den Mitbestimmungsrechten nach § 87 Abs. 1 Nr. 1 (Ordnung im Betrieb), Nr. 6 (Überwachung durch technische Einrichtungen) und Nr. 7 (Regelungen zum Arbeitsschutz) BetrVG.

Zweck des § 87 Abs. 1 Nr. 1 BetrVG ist die gleichberechtigte Beteiligung der Arbeitnehmer an der Gestaltung der betrieblichen Ordnung.[288] Differenziert wird dabei zwischen dem Leistungs- und Ordnungsverhalten der Arbeitnehmer im Betrieb, wobei nur letzteres der Mitbestimmung unterliegt. Allerdings lassen sich diese Tatbestände nicht streng voneinander trennen, so dass durch die Bestimmung des Leistungsverhaltens, also von Verhaltensweisen, die mit der Hauptleistungspflicht des Arbeitnehmers verbunden sind, auch das Ordnungsverhalten tangiert werden kann.[289] In der Regel knüpft das Mitbestimmungsrecht somit entweder auch an das Weisungsrecht an oder aber an die Eingliederung in den Betrieb. In beiden Fällen ist das Mitbestimmungsrecht im Einsatzbetrieb im Hinblick auf die in Scrum-Teams eingesetzten Arbeitnehmer zu verneinen. Zumal diese ihre Leistung regelmäßig außerhalb und nicht innerhalb der „üblichen" Arbeitsorganisation erbringen und deshalb schon fraglich ist, ob der Normzweck bei einer etwaigen Wahrnehmung dieses Mitbestimmungsrechts durch den Betriebsrat des Einsatzbetriebs überhaupt erfüllt würde.

So verbleiben letztlich § 87 Abs. 1 Nr. 6 und 7 BetrVG. Zweck des § 87 Abs. 1 Nr. 6 BetrVG ist der Schutz des allgemeinen Persönlichkeitsrechts vor Überwachung durch technische Einrichtungen[290] und der des § 87 Abs. 1 Nr. 7 BetrVG der Schutz der Gesundheit und des Lebens der Arbeitnehmer.[291]

---

287 Thüsing/*Thüsing*, AÜG, § 14 Rn. 130, 139 ff.

288 BAG v. 18.4.2000 – 1 ABR 22/99, B.II.1.a. d. Gründe; *Fitting*, BetrVG, § 87 Rn. 63.

289 ErfK/*Kania*, BetrVG, § 87 Rn. 18 ff.

290 *Fitting*, BetrVG, § 87 Rn. 215.

291 *Fitting*, BetrVG, § 87 Rn. 257.

Anknüpfungspunkt ist jeweils das tatsächliche Tätigwerden im Betrieb, so dass auch auf Werk- bzw. Dienstvertragsbasis eingesetzte Arbeitnehmer Objekt dieser Entscheidungen werden können, etwa wenn es Videoüberwachung in dem Einsatzbetrieb oder bestimmte Sicherheitsvorkehrungen, die es zu beachten gilt, gibt, was zunächst für ein Mitbestimmungsrecht des Betriebsrats im Einsatzbetrieb sprechen könnte. Zumal dem Zweck der Mitbestimmungsrechte unter Umständen nur adäquat – gerade im Hinblick auf die Stammbelegschaft – Rechnung getragen werden kann, wenn die Regelungen für alle im Betrieb tätigen Arbeitnehmer gleichermaßen gelten, insbesondere in Fragen des Gesundheitsschutzes.[292] Obgleich man aber auch festhalten muss, dass die Arbeitnehmer, die im Rahmen der Zusammenarbeit nach der Scrum-Methode tätig werden, wenn überhaupt vor Ort, dann kurzzeitig dort eingesetzt werden. Deshalb werden diese im Gegensatz zu Arbeitnehmern, die „on-site", d.h. zwar auch auf Werk- oder Dienstvertragsbasis, aber dauerhaft, in dem Einsatzbetrieb tätig werden,[293] den Gefahren selten gleichermaßen ausgeliefert sein. Die Schutzbedürftigkeit hält sich somit in Grenzen, obgleich sie aber nicht gänzlich ausgeschlossen werden kann.

(b) Analoge Anwendung

Sollte man jedoch ein besonderes Schutzbedürfnis in den insbesondere zuletzt genannten mitbestimmungspflichtigen Angelegenheiten sehen, stellt sich noch die Frage, ob § 14 Abs. 3 S. 1 AÜG und damit auch die dahinterstehenden Grundsätze überhaupt analog auf die auf Werk- bzw. Dienstvertragsbasis nach der Scrum-Methode eingesetzten Arbeitnehmer anzuwenden sind. Die Vorschrift gilt unmittelbar nur für Leiharbeitnehmer. Für eine Analogie ist das Vorliegen einer planwidrigen Regelungslücke sowie einer vergleichbaren Interessenlage erforderlich.[294]

Zunächst einmal bedarf es einer Regelungslücke. Eine § 14 Abs. 3 AÜG entsprechende Regelung besteht für den werk- bzw. dienstvertraglichen Einsatz nicht. Allerdings ist die Planwidrigkeit fraglich. Der Gesetzgeber hat das AÜG zuletzt 2017 reformiert und in seiner Gesetzesbegründung auf den verstärkten Einsatz von Arbeitnehmern auf Basis von Werk- und Dienstverträgen ein

---

292 In diese Richtung *Fitting*, BetrVG, § 87 Rn. 293; Richardi/*Richardi*, BetrVG, § 87 Rn. 575.

293 *Hamann/Rudnik*, NZA 2016, 1368 (1369 ff.); *Henssler*, RdA 2017, 83 (83 f.).

294 Vgl. *Beaucamp/Beaucamp*, Methoden und Technik der Rechtsanwendung, S. 89 m.w.N.

weiteres Mal hingewiesen, insbesondere auch in der IT- und Beratungsbranche, in der agile Arbeitsmethoden gerne genutzt werden. Auch wenn die Begriffe agiles Arbeiten sowie agile Arbeitsmethoden in diesem Zusammenhang nicht auftauchten, so hatte der Gesetzgeber wohl bereits derartige Gestaltungen im Blick.[295] Das bestätigt ein Blick in das vom Bundesministerium für Arbeit und Soziales veröffentlichte Grünbuch 4.0[296] aus dem Jahr 2015, in dem atypische Beschäftigungsformen, etwa auf Werkvertragsbasis, bereits angesprochen werden sowie das 2017 darauffolgende Weißbuch 4.0[297], in dem dann auch ausdrücklich auf agile Arbeitsmethoden, u.a. die Scrum-Methode, eingegangen wird. Die Thematik ist dem Gesetzgeber daher bereits seit Jahren bekannt und dennoch wurde bislang kein Handlungsbedarf gesehen. Etwaige Gesetzesinitiativen sind auch nicht ersichtlich.

Wenn man die Planwidrigkeit dennoch bejahen sollte, müsste schließlich eine vergleichbare Interessenslage bestehen. Die Situation der im Sinne des AÜG zur Arbeitsleistung überlassenen Arbeitnehmer ist aber kaum mit derer der Arbeitnehmer, die auf Werk- oder Dienstvertragsbasis tätig werden – unabhängig welche Arbeitsmethode angewandt wird – vergleichbar. Die Scrum-Methode verstärkt die folgenden Aussagen aufgrund des „Minus" an Weisungsgebundenheit nur noch. Denn im Fall der Arbeitnehmerüberlassung werden die betroffenen Arbeitnehmer nach den Vorstellungen und Weisungen des anderen Betriebsinhabers, mithin gleichsam wie dessen eigene Arbeitnehmer, eingesetzt. Aufgrund dieser Weisungsgebundenheit bedarf es auch in gewissem Maße eines besonderen betriebsverfassungsrechtlichen Schutzes der Interessen dieser Arbeitnehmer sowie der durch den Einsatz ggf. betroffenen Stammbelegschaft, weshalb der Gesetzgeber § 14 AÜG eingeführt hat.[298] Dieses Schutzes bedarf es beim Einsatz aufgrund von Werk- bzw. Dienstverträgen nicht, da hier das arbeitsrechtliche Weisungsrecht nicht gleichsam wie bei der Arbeitnehmerüberlassung im Einsatzbetrieb ausgeübt wird. Weisungen sollten – jedenfalls bei idealtypischer Ausführung – lediglich projekt- bzw. gegenstandsbezogen sein und nicht arbeitsrechtlicher Natur. Ein besonderes Schutzbedürfnis kann für Arbeitnehmer zwar im Hinblick auf die oben genannten Mitbestimmungstatbestände des § 87 Abs. 1 Nr. 6 und 7 BetrVG auftreten – insbesondere aber bei länger anhaltenden Einsätzen und selten im Rahmen der agilen Zusammenarbeit,

295 BT-Drs. 18/10064, S. 14.
296 BMAS, Grünbuch, S. 24, 56 ff.
297 BMAS, Weißbuch, S. 87 ff., 153 ff.
298 BT-Drs. 9/847, S. 8.

wenn diese regelkonform abgewickelt wird. Daher ist eine analoge Anwendung im Ergebnis abzulehnen.

cc. Zusammenfassung

Letztlich ist festzuhalten, dass die bei der Zusammenarbeit auf Werk- bzw. Dienstvertragsbasis eingesetzten Arbeitnehmer in jedem Fall ihrem bisherigen Betrieb – auch während ihres Einsatzes – zuzuordnen sind.[299] Darüber hinaus sind diese dem Einsatzbetrieb nicht – auch nicht nur partiell – zuzuordnen. Die Wahrnehmung etwaiger Mitbestimmungsrechte durch den Betriebsrat des Einsatzbetriebs ist aus Schutzgründen nicht zwingend erforderlich. Etwas Anderes kann für „on-site" eingesetzte Arbeitnehmer gelten, wozu es im Rahmen agiler Zusammenarbeit aber kaum kommen wird. Sodann ist ggf. der Gesetzgeber gefragt zu handeln, um bestehende Schutzlücken zu schließen.[300] Denkbar ist eine Erweiterung des § 87 Abs. 1 Nr. 1, 6, 7 BetrVG, d.h. der Tatbestände, die wenn überhaupt am ehesten die eingesetzten Arbeitnehmer betreffen.[301]

3. Zusammenfassung

Der persönliche Anwendungsbereich des BetrVG wird durch den Begriff des Arbeitnehmers bestimmt. Das „Minus" an Weisungsgebundenheit, das mit dem Einsatz in Scrum-Teams einhergeht, stellt die Arbeitnehmereigenschaft der Teammitglieder nicht zwangsläufig in Frage.[302] Zudem stellt der Scrum-Master aufgrund seiner Tätigkeit keinen leitenden Angestellten im Sinne des § 5 Abs. 3 BetrVG dar, so dass auch dieser grundsätzlich dem BetrVG unterfällt. Entscheidend ist aber immer die Frage, welchem Betrieb die Arbeitnehmer zuzuordnen sind. Die Voraussetzungen der Frage der Betriebszugehörigkeit sind immer wieder Gegenstand juristischer Auseinandersetzung. Jedenfalls das Merkmal der Eingliederung, dessen Inhalt auch nicht unumstritten ist, ist fundamental für die Bestimmung der Betriebszugehörigkeit. Hier bleibt es bei dem tradierten Eingliederungsbegriff, der an der Weisungsgebundenheit anknüpft, da dies auch in komplexen und flexiblen Organisationsstrukturen noch immer das verlässlichste Kriterium darstellt, um zu sachgerechten Ergebnissen zu gelangen. Die Betriebszugehörigkeit wurde und wird in „klassischen" Arbeitsverhältnissen

---

299 S. BAG v. 26.1.2016 – 1 ABR 68/13, Rn. 29 f.; krit. dazu *Hamann/Rudnik*, NZA 2016, 1368 (1369 f.).

300 *Fisahn/Laskowski*, Betriebsverfassung und Werkverträge, S. 4 ff.

301 Vgl. D/K/W/*Klebe*, BetrVG, § 87 Rn. 10 ff.

302 *Günther/Böglmüller*, NZA 2019, 273 (276).

das ganze Unternehmen agil gestaltet werden soll, wird man eine Zuständigkeit des Gesamtbetriebsrats jedenfalls für den Interessenausgleich[311] – nicht zwingend aber auch für den Sozialplan[312] – bejahen können. Auch im Hinblick auf § 87 Abs. 1 Nr. 6 BetrVG kann sich regelmäßig eine Zuständigkeit des Gesamtbetriebsrats ergeben, wenn elektronische Datenverarbeitungssysteme betriebsübergreifend eingeführt werden sollen und unterschiedliche Ausgestaltungen nicht mit der einheitlichen Funktion des Systems kompatibel sind.[313] Im Fall der Durchführung agiler Arbeitsmethoden ist hier an sog. Personalmanagement-Tools zu denken, die einen Überblick über die betriebsübergreifend in den Entwicklungsteams eingesetzten Arbeitnehmer ermöglichen sollen. Darüber hinaus kann eine Zuständigkeit des Gesamtbetriebsrats im Rahmen der betrieblichen Vergütungsmodelle aus § 87 Abs. 1 Nr. 10 BetrVG zu bejahen sein, um betriebsübergreifend Lohngerechtigkeit zu schaffen bzw. eine Ungleichbehandlung von weitgehend vergleichbaren Tätigkeiten zu vermeiden.[314] Nicht zuletzt auch bei allgemeinen personellen Maßnahmen ist die Zuständigkeit des Gesamtbetriebsrats denkbar, kaum jedoch bei personellen Einzelmaßnahmen.[315] In letzterem Fall wird die Zuständigkeit weiterhin bei den jeweiligen Betriebsräten bleiben. Das gilt auch für den Großteil der Angelegenheiten nach § 87 Abs. 1 BetrVG wie Fragen der Arbeitszeit (§ 87 Abs. 1 Nr. 2, 3 BetrVG) oder den im Zusammenhang mit agilen Arbeitsmethoden in den Vordergrund tretenden Tatbestand des § 87 Abs. 1 Nr. 13 BetrVG.

Im Fall der unternehmensübergreifenden Ein- und Durchführung agiler Arbeitsmethoden wird sich je nach Regelungsgegenstand somit bisweilen die Zuständigkeit des Betriebsrats oder Gesamtbetriebsrats ergeben.[316] Grundsätzlich ist aufgrund der Kompetenzzuweisung des Betriebsverfassungsgesetzes von einer vorrangigen Zuständigkeit des durch Wahl unmittelbar legitimierten Betriebsrats auszugehen (Grundsatz der Sachnähe).[317] Sollte der Gesamtbetriebsrat originär zuständig sein, was im Rahmen der agilen Transformation in den genannten Fällen durchaus häufig vorkommen wird, gilt aber der Grundsatz der Zuständigkeitstrennung, so dass sich die Zuständigkeiten der verschiedenen

---

311 Vgl. BAG v. 20.9.2012 – 6 AZR 155/11.

312 Vgl. BAG v. 11.12.2001 – 1 AZR 193/01.

313 BAG v. 14.11.2006 – 1 ABR 4/06; in Bezug auf die Zuständigkeit des Konzernbetriebsrats, aber i.E. entsprechend BAG v. 26.1.2016 – 1 ABR 68/13.

314 Ver.di, Praxis gestalten - Agiles Arbeiten, S. 80.

315 *Fitting*, BetrVG, § 50 Rn. 50 ff.

316 Vgl. *Reinhard*, FS-BetrVG, S. 613 (620 f.).

317 BAG v. 8.6.2004 – 1 ABR 4/03, B.III.3.a. d. Gründe; *Fitting*, BetrVG, § 50 Rn. 12.

Organe wechselseitig ausschließen.[318] Es ist also entweder der Betriebsrat oder der Gesamtbetriebsrat zuständig, was dazu führt, dass weder eine Auffangzuständigkeit des Betriebsrats noch eine Rahmenkompetenz des Gesamtbetriebsrats in Betracht kommt.[319] Diese gesetzliche Zuständigkeitsverteilung und die daraus hergeleiteten und eben genannten Grundsätze mögen in hierarchisch organisierten Unternehmen durchaus zu sachgerechten Ergebnissen führen. Demgegenüber stößt diese Verteilung der Zuständigkeiten aber in Fällen von Arbeitsorganisationen, die von Dezentralisierung und Flexibilisierung geprägt sind, an ihre Grenzen, was in Bezug auf agiles Arbeiten besonders deutlich wird.

2. *Auswirkungen der gesetzlichen Zuständigkeitsregelungen in agilen Organisationen*

Im Fall agilen Arbeitens ist ein gemeinsames Verständnis besonders wichtig, gibt es doch zahlreiche Ausgestaltungen und Ansätze agil zu arbeiten - selbst wenn lediglich die Anwendung einer Arbeitsmethode, wie beispielsweise die der Scrum-Methode, im Raum steht. Agiles Arbeiten lebt letztlich von einer gemeinsamen Idee („agile mindset"), die es in den einzelnen Entwicklungsteams zu verwirklichen gilt. Die Tätigkeit der Entwicklungsteams, wenn diese betriebsübergreifend zusammengesetzt werden, kann indes durch unterschiedliche Vereinbarungen behindert werden. Man stelle sich nur den Fall eines Entwicklungsteams vor, das sich aus drei (oder mehr) Arbeitnehmern verschiedener Betriebe eines Unternehmens zusammensetzt, für die jeweils unterschiedliche Regelungen gelten, was Arbeitszeitregelungen oder Entlohnungsgrundsätze anbelangt. An diese Regelungen ist der jeweilige Arbeitnehmer auch während seines Einsatzes im Entwicklungsteam grundsätzlich gebunden. Das erschwert jedoch unter Umständen die eigentlich gewünschte autonome Vorgehensweise des Entwicklungsteams sehr, beispielsweise, wenn in einem Betrieb im Gegensatz zu den anderen Betrieben zulässigerweise Nacht- oder Wochenendarbeit geleistet werden darf und noch dazu für dessen Arbeitnehmer günstigere Entlohnungsgrundsätze gelten, obgleich in einem Entwicklungsteam alle

---

318 BAG v. 14.11.2006 - 1 ABR 4/06, Rn. 34 f.; BAG v. 21.1. 2003 - 3 ABR 26/02, B.I.3. d. Gründe; D/K/W/*Deinert*, BetrVG, § 50 Rn. 14; Fitting, BetrVG, § 50 Rn. 9; GK-BetrVG/*Kreutz*, § 50 Rn. 18; H/W/G/N/R/H/*Glock*, BetrVG, § 50 Rn. 5; *Richardi*/Annuß, BetrVG, § 50 Rn. 45 f.

319 BAG v. 17.5.2011 - 1 ABR 121/09; BAG v. 14.11.2006 - 1 ABR 4/06, Rn. 33 ff.; D/K/W/*Deinert*, BetrVG, § 50 Rn. 14 f.; *Fitting*, BetrVG, § 50 Rn. 9, 28; GK-BetrVG/*Kreutz*, § 50 Rn. 17 f.; Richardi/*Annuß*, BetrVG, § 50 Rn. 46 f.

Arbeitnehmer gleichberechtigt sein sollen. Neben Schwierigkeiten im Ablauf des Entwicklungsprozesses ist die mitunter aufkommende Unzufriedenheit der Arbeitnehmer ein ernstzunehmendes Thema in der Praxis.

So ist über eine Abkehr von den bisherigen Grundsätzen nachzudenken, da die Praxis, insbesondere in flexiblen und komplexen Betriebs- und Unternehmensstrukturen, nicht mehr umfassend abgebildet wird, wie das vorherige Beispiel zeigt.

Rahmenregelungen in Form von Gesamtbetriebsvereinbarungen sind häufig das Mittel der Wahl, um ein einheitliches Verständnis und eine damit verbundene einheitliche Vorgehensweise zu erreichen.[320] Doch liegt darin ein Verstoß gegen die oben genannte gesetzliche Zuständigkeitsverteilung. Dies wird mit all seinen Folgen wie der Unwirksamkeit der geschlossenen Vereinbarungen jedoch „sehenden Auges" überwiegend hingenommen, getreu dem Motto „Wo kein Kläger, da kein Richter". Da die gesetzliche Zuständigkeitsverteilung jedoch zwingend ist und auch nicht durch kollektivrechtliche Vereinbarungen abbedungen werden kann,[321] ist die Frage, ob den Betriebsparteien andere Optionen aufgrund der derzeitigen Zuständigkeitsverteilung verbleiben oder insoweit ggf. sogar der Gesetzgeber gefragt ist. Schließlich begegnet die derzeitige Praxis nicht unerheblichen Bedenken.[322] Zwar besteht in § 50 Abs. 2 BetrVG die bereits angesprochene Möglichkeit der Delegation von Angelegenheiten des Betriebsrats auf den Gesamtbetriebsrat. Dies wird aber das Problem nicht lösen, schließlich ist in diesem Fall der Betriebsrat als Initiator gefragt und nur, wenn dieser eine Delegation für sinnvoll erachtet, wird es auch zu einer solchen kommen. Der Gesamtbetriebsrat, der indes häufig eine einheitliche Regelung favorisiert, ist dann aber abhängig von den Betriebsräten, kann mithin nicht von sich aus tätig werden. Eine Delegation von Regelungskompetenzen des Gesamtbetriebsrats auf den Betriebsrat sieht das Gesetz indes nicht vor. Dies wird zudem von der Rechtsprechung verneint[323] – allerdings nicht ohne in der Literatur auf Kritik zu stoßen. Denn es stellt sich die Frage, warum der Gesamtbetriebsrat, wenn er von seiner Kompetenz umfassend, d.h. soweit für ihn möglich und ausreichend, Gebrauch

---

320 *Reinhard,* FS-BetrVG, S. 613 (621); *Sittard/Müller,* ArbRB 2018, 381 (383), die aber nur von Rahmen-Betriebsvereinbarungen, nicht von Gesamtbetriebsvereinbarungen in diesem Zusammenhang sprechen.

321 BAG v. 14.11.2006 – 1 ABR 4/06, Rn. 34; BAG v. 9.12.2003 – 1 ABR 49/02, B.II.1.b.aa. d. Gründe m.w.N.

322 *Fitting,* BetrVG, § 50 Rn. 28.

323 BAG v. 14.11.2006 – 1 ABR 4/06, Rn. 35; BAG v. 21.1.2003 – 3 ABR 26/02, B.I.3. d. Gründe.

gemacht hat, die Regelung der Details nicht durch Öffnung der Gesamtbetriebsvereinbarung den örtlichen Betriebsräten überlassen können soll.[324]

Sicherlich wird man sagen müssen, dass Rahmenregelungen wohl nicht in jeder Hinsicht zwingend sind, aber dennoch zweckmäßig. Und auch wenn das BAG feststellt, dass Zweckmäßigkeitsgesichtspunkte nicht ausreichen, um die Zuständigkeit des Gesamtbetriebsrats und damit eine betriebsübergreifende einheitliche Regelung zu begründen,[325] waren es doch solche, die im Rahmen der Einführung der Delegationsmöglichkeit nach § 50 Abs. 2 BetrVG vom Gesetzgeber angeführt wurden[326] und deshalb nicht gänzlich außer Acht gelassen werden sollten. Der Gesamtbetriebsrat könnte schließlich auch einmal mehr seine unmittelbaren Kontakte zur Unternehmensleitung nutzen, wodurch ihm häufig bessere Verhandlungschancen nachgesagt werden,[327] sowie seine besondere Sachkunde und Erfahrung gegenüber – gerade neu errichteten – Betriebsräten.[328]

Auch sind die angeführten Argumente der Rechtssicherheit und Rechtsklarheit, die für die strikte Zuständigkeitstrennung in den Raum gestellt werden, jetzt schon nicht immer gegeben.[329] Mitunter könnte eine Rahmenkompetenz sogar zur mehr Rechtssicherheit führen, da die – entgegen der derzeit geltenden Zuständigkeitsverteilung – in der Praxis abgeschlossenen Rahmengesamtbetriebsvereinbarungen nicht ständig mit Zweifeln hinsichtlich ihrer Wirksamkeit einhergehen würden. Obgleich darauf geachtet werden müsste, dass der Gesamtbetriebsrat auch tatsächlich nur einen Rahmen vorgibt und nicht umfassend tätig wird, so dass damit kein Verzicht der Betriebsräte auf ihre Mitbestimmungsrechte einhergeht.

Ansonsten verbleibt dem Gesamtbetriebsrat aufgrund der derzeitigen Zuständigkeitsverteilung nur die Möglichkeit sich auf seine Koordinierungsfunktion zu stützen, die mithin Zweck seiner Einrichtung ist.[330] Diese Koordinierungsfunktion kann darin bestehen, in Angelegenheiten, die das ganze Unternehmen oder große Teile, mithin mehrere Betriebe, betreffen, die zugleich aber auch durch die einzelnen Betriebsräte geregelt werden können, weshalb es für eine originäre Zuständigkeit des Gesamtbetriebsrats an einer der Voraussetzungen

324 S. dazu D/K/W/*Deinert*, BetrVG, § 50 Rn. 17.
325 BAG v. 14.11.2006 – 1 ABR 4/06, Rn. 22.
326 BT-Drs. VI/1786, S. 43.
327 BT-Drs. VI/1786, S. 43.
328 *Rieble*, RdA 2005, 26 (26).
329 In diese Richtung D/K/W/*Deinert*, BetrVG, § 50 Rn. 17.
330 *Fitting*, BetrVG, § 50 Rn. 5; H/W/G/N/R/H/*Glock*, BetrVG, § 50 Rn. 5; Richardi/*Annuß*, BetrVG, § 50 Rn. 44.

nach § 50 Abs. 1 BetrVG fehlt, auf eine möglichst sinnvolle Abstimmung von Tätigkeit und Beschlussfassung der Einzelbetriebsräte hinzuwirken.[331] Gerade da gegenüber der Ein- und Durchführung agiler Arbeitsmethoden oft noch viel Skepsis herrscht, mitunter auch erst einmal abgesteckt werden muss, was darunter überhaupt zu verstehen ist und was das für die Organisationsstrukturen und Arbeitnehmer im Einzelfall bedeutet, ist es sinnvoll, alle Beteiligten frühzeitig miteinzubeziehen. Es bietet sich an, Verhandlungsgruppen zu bilden, die mit Vertretern der Entwicklungsteams – sofern diese schon bestehen – oder den Arbeitnehmern, die später dort eingesetzt werden sollen, sowie den Betriebspartnern die jeweiligen Regelungstatbestände gemeinsam zu verhandeln und abgestimmte Verfahren festzulegen – eine entsprechende Umsetzung im Folgenden vorausgesetzt.[332] Auch Betriebsratsnetzwerke können unter Umständen geeignet sein, um ein flächendeckendes Verständnis für agile Arbeit zu erzeugen.

II. Möglichkeit der Delegation von Aufgaben auf die Entwicklungsteams nach § 28a BetrVG

Während einerseits Überlegungen angestellt werden, ob trotz der Dezentralisierung von Entscheidungsstrukturen eine Verlagerung der Zuständigkeit auf eine höhere Ebene sinnvoll sein kann, um ein einheitliches Konzept durchzusetzen, ist andererseits die Frage, ob nicht den Entwicklungsteams mehr Entscheidungskraft in mitwirkungs- und mitbestimmungspflichtigen Angelegenheiten zukommen sollte. Die im Rahmen des Betriebsverfassungs-Reformgesetzes 2001[333] eingefügte Vorschrift des § 28a BetrVG regelt die Delegation bestimmter Aufgaben des Betriebsrats auf Arbeitsgruppen. Dabei sind nicht aus Betriebsräten, sondern vielmehr aus den übrigen Arbeitnehmern bestehende Gruppen gemeint, denen Arbeitsaufgaben des Betriebsrats übertragen werden können. Dadurch soll dem Wunsch der Arbeitnehmer nach mehr unmittelbarer Beteiligung Rechnung getragen werden und die Selbständigkeit und Eigeninitiative der Arbeitnehmer und Arbeitsgruppen gefördert werden, wie es auch die in diesem Zusammenhang eingefügte Vorschrift des § 75 Abs. 2 S. 2 BetrVG vorsieht.[334] Denn die Betriebsverfassung steht in Fällen, in denen Arbeitsgruppen über ein hohes Maß an Eigenständigkeit verfügen, vor der Herausforderung

---

331 H/W/G/N/R/H/*Glock*, BetrVG, § 50 Rn. 5.

332 So *Reinhard*, FS-BetrVG, S. 613 (621 f.).

333 Art. 1 des Gesetzes zur Reform des Betriebsverfassungsgesetzes, BGBl. I 2001, S. 1852 (1855).

334 BT-Drs. 14/5741, S. 40; *Fitting*, BetrVG, § 28a Rn. 1.

eine effektive Mitbestimmung zu gewährleisten. Dies gilt etwa, wenn es um die eigenständige Gestaltung der Lage der Arbeitszeit oder die Urlaubsplanung in der Arbeitsgruppe geht. § 28a BetrVG soll in derartigen Situationen Handlungs- und Lösungsmöglichkeiten bieten.[335]

1. *Voraussetzungen einer Delegation nach § 28a BetrVG*

a. *Arbeitsgruppe*

Eine Delegation nach § 28a BetrVG ist lediglich auf Arbeitsgruppen, nicht aber auf einzelne Arbeitnehmer möglich. Zunächst ist die Frage, inwiefern es sich bei der Arbeit in den Entwicklungsteams um Gruppenarbeit als besondere Form der Arbeitsorganisation handelt. Sodann ist zu beleuchten, welche Anforderungen an die Arbeitsgruppe im Sinne des § 28a BetrVG zu stellen sind und ob die im Fall agilen Arbeitens nach der Scrum-Methode entstehenden Entwicklungsteam als solche zu qualifizieren sind.

aa. *Gruppenarbeit als besondere Form der Arbeitsorganisation*

In diesem Zusammenhang ist zunächst – auch im Hinblick auf die noch zu behandelnde und ebenfalls in Zusammenhang mit § 28a BetrVG stehende Vorschrift des § 87 Abs. 1 Nr. 13 BetrVG, wonach über die Grundsätze zur Durchführung von Gruppenarbeit ein Mitbestimmungsrecht besteht[336] – festzustellen, um welche Form der Gruppenarbeit es sich bei der Arbeit in den Entwicklungsteams überhaupt handelt.

Gruppenarbeit stellt bereits seit Beginn des 20. Jahrhunderts eine anerkannte Form betrieblicher Arbeitsorganisation dar. Die Bedeutung der Gruppenarbeit hat sich allerdings ständig verändert. Inzwischen steht Gruppenarbeit nicht mehr für ein Organisationskonzept wie in Zeiten des Taylorismus, sondern vereint vielmehr eine Vielzahl solcher Konzepte.[337] Durch die Einführung agiler Arbeitsmethoden rückt die Gruppenarbeit nun erneut in den Fokus. In der Praxis haben sich inzwischen einige Gruppenarbeitskonzepte herausgebildet, die häufig Anwendung finden. In Bezug auf die Einordnung agiler Teams sind die Projektgruppe, mit der die Entwicklungsteams oftmals gleichgesetzt werden,

335 D/K/W/*Wedde*, BetrVG, § 28a Rn. 4.

336 Vgl. Kapitel 4 – C.IV.1.

337 Ausführlich zur Entwicklung der Gruppenarbeit und den einzelnen Erscheinungsformen seit Beginn des 20. Jahrhunderts bis ins Zeitalter der „lean-production“ s. *Elert*, Gruppenarbeit, S. 12 ff. m.w.N.

allerdings ohne die rechtlichen Konsequenzen in ihrer Gesamtheit zu überblicken, sowie die teilautonome Gruppe zu nennen.

(1) Projektgruppen

Bei Projektgruppen handelt es sich nach überwiegender Ansicht um Gruppen, die zur Bearbeitung komplexer Aufgaben, welche zumeist einen einmaligen Charakter aufweisen, zusammengezogen werden. Die Aufgaben tangieren oft mehrere Unternehmensbereiche, weshalb Experten aus verschiedenen Bereichen, die zusammen über das für das Projekt notwendige Knowhow verfügen, eingesetzt werden. Als Beispiele sind Konstruktions-, Produktentwicklungs- oder Planungsgruppen zu nennen. In der Regel sind diese Gruppen nicht in die Betriebs- bzw. Unternehmensorganisation eingebunden, bestehen mithin parallel zur Arbeitsorganisation.[338] Allerdings verfügen Projektgruppen bei der Ausführung ihrer Aufgaben über wenig Entscheidungsspielraum.[339] Präzise Vorgaben zur Durchführung sind die Regel, dazu wird meistens ein Projektleiter eingesetzt, der jedenfalls fachlich, mitunter auch disziplinarisch gegenüber den Gruppenmitgliedern weisungsbefugt sein kann. Uneinigkeit besteht insofern, als die Projektgruppen einerseits als nur temporär bzw. von Zeit zu Zeit zusammenarbeitende Gruppen bezeichnet werden[340] und andererseits davon die Rede ist, dass sie aufgrund ihrer kontinuierlichen Existenz ein hohes Maß an Stabilität vorweisen.[341] Mehr spricht hier für die erste Ansicht, kann ein Projekt an sich zwar auch auf längere Zeit und somit auf kontinuierliche Zusammenarbeit ausgerichtet sein, bezieht es sich regelmäßig aber eben doch nur auf eine einmalige Aufgabe, die von zeitlichen, finanziellen und personellen Rahmenbedingungen gekennzeichnet ist und im Hinblick auf ein bestimmtes Ziel verfolgt wird.

(2) Teilautonome Gruppen

Dem stehen teilautonome Gruppen gegenüber. Unter einer teilautonomen Gruppe versteht man eine funktionale Einheit der regulären Organisationsstruktur, die dauerhaft zusammenarbeitet und der die Erstellung eines Produkts bzw. die Lösung einer Aufgabe übertragen wurde, um diese vorwiegend

338 Antoni/*Antoni*, Gruppenarbeit im Unternehmen, S. 33; *Elert*, Gruppenarbeit, S. 24 f.; *Paul*, Gruppenarbeit, S. 8.

339 Antoni/*Antoni*, Gruppenarbeit im Unternehmen, S. 34; *Elert*, Gruppenarbeit, S. 25; *Paul*, S. 8.

340 Antoni/*Antoni*, Gruppenarbeit im Unternehmen, S. 33; *Elert*, Gruppenarbeit, S. 25.

341 *Paul*, Gruppenarbeit, S. 8.

eigenverantwortlich anzugehen.[342] Die Eigenverantwortlichkeit ist das maßgebliche Kriterium für diese Art der Gruppenarbeit. Der Gruppe werden sowohl Organisations-, Planungs- als auch Kontrollaufgaben übertragen, was dazu führen soll, dass diese bestenfalls ohne weitere Hilfe ein Projekt bzw. eine Aufgabe abwickeln kann.[343] Allerdings werden hier bisweilen auch Aufgaben wie etwa Qualitätskontrollen, kleinere Wartungs- oder Instandhaltungsaufgaben oder Ähnliches mitangeführt.[344]

(3) Einordnung der Entwicklungsteams

Versucht man nun die im Fall agilen Arbeitens nach der Scrum-Methode entstehenden Entwicklungsteams unter die genannten Gruppenkonzepte zu subsumieren, so fällt auf, dass diese Merkmale sowohl des einen als auch des anderen Konzepts in sich vereinen.

Einiges spricht für die Einordnung als Projektgruppe wie etwa die Aufgabenstellung. Den Entwicklungsteams werden zumeist auch komplexe, einmalig anfallende Aufgaben übertragen. Darüber hinaus ist die auch für die Entwicklungsteams typische interdisziplinäre Zusammenarbeit zu nennen. Nicht zwingend als Merkmal herangezogen werden kann der Umstand, dass agile Teams nur temporär bzw. außerhalb der üblichen Organisationsstrukturen bestehen. Hier kommt es auf die konkrete Ausgestaltung an, wobei zahlreiche Varianten denkbar sind. Unternehmensübergreifend werden die Teams in der Regel parallel, also zusätzlich zu der bestehenden Organisationsstruktur der beteiligten Unternehmen, eingesetzt. Unternehmensintern werden hingegen häufig ganze Unternehmensteile umstrukturiert, so dass die Entwicklungsteams durchaus Teil der regulären Organisationsstruktur sein können. Selbst wenn sich die Entwicklungsteams nach der Erledigung ihrer Aufgabe wieder „auflösen", bleiben die Gruppenstrukturen teilweise erhalten und die Beteiligten kommen nur wieder in anderer Zusammensetzung zusammen.[345]

Das prägendste und maßgebliche Kriterium der Entwicklungsteams ist jedoch der für teilautonome Gruppen typische Entscheidungsspielraum. Hier weichen die Entwicklungsteams stark von der Konzeption einer Projektgruppe ab, die nur über eine geringe Selbststeuerungskompetenz verfügt. Arbeitserweiterung (Job Enlargement) sowie Arbeitsbereicherung (Job Enrichment), auch

342 Antoni/*Antoni*, Gruppenarbeit im Unternehmen, S. 35.

343 Antoni/*Antoni*, Gruppenarbeit im Unternehmen, S. 35.

344 Antoni/*Antoni*, Gruppenarbeit im Unternehmen, S. 35; *Paul*, Gruppenarbeit, S. 9.

345 Vgl. etwa das „Spotify-Modell" (Fn. 37).

für teilautonome Gruppen charakteristische Gedanken,[346] sind Entwicklungsteams immanent. Der Entscheidungs-, Tätigkeits- und Interaktionsspielraum wird in beiden Fällen deutlich erweitert.

Letztlich vereinen die Entwicklungsteams Komponenten beider dargestellten Gruppenkonzepte. Deshalb ist daran zu denken, diese als eigenes Gruppenkonzept, etwa als „teilautonome Projektgruppe", zu behandeln. Vor allem die Teilautonomie ist den besagten Teams in jedem Fall zuzusprechen, da die selbständige und eigenverantwortliche Bearbeitung der jeweiligen Aufgaben gerade das wesentliche und prägende Merkmal ist. Diese Teilautonomie führt auch überhaupt erst zu vielen individual- und kollektivarbeitsrechtlichen Fragen.

bb. Anforderungen an die Arbeitsgruppe im Sinne des § 28a BetrVG

§ 28a BetrVG enthält keine Definition der Arbeitsgruppe. Darüber hinaus soll die in § 87 Abs. 1 Nr. 13 BetrVG niedergelegte Definition der Gruppenarbeit nicht zur Anwendung kommen, da sich diese schon ihrem Wortlaut nach nur auf ebendiese Vorschrift bezieht.[347] Dafür spricht, dass § 87 Abs. 1 Nr. 13 BetrVG lediglich Gruppen erfassen soll, welche die ihr übertragenen Aufgaben im Wesentlichen eigenverantwortlich erledigen. Das liegt an Sinn und Zweck der Vorschriften. Denn während § 87 Abs. 1 Nr. 13 BetrVG nur Gruppen mit einem besonders hohen Maß an Eigenständigkeit erfasst, da erst dann die für solche Gruppen typischen Gefahren des Gruppendrucks sowie der Selbstausbeutung anzunehmen sind, denen durch die Mitbestimmung vorgebeugt werden soll,[348] bezweckt § 28a BetrVG nicht den Schutz der Gruppenmitglieder, sondern erweitert vielmehr deren Mitwirkungsmöglichkeiten und kann somit auch zu einer Entlastung des Betriebsrats beitragen.[349] Der Anwendungsbereich des § 28a BetrVG geht aber weiter. Letztlich wird als Arbeitsgruppe nach § 28a BetrVG eine arbeitsorganisatorisch zusammengefasste Gruppe von Arbeitnehmern verstanden, der ganzheitliche Aufgaben zur gemeinsamen Erledigung übertragen werden – unabhängig davon, ob diese inner- oder außerhalb der regulären Organisationstruktur tätig werden.[350] Das kann die Planung, Steuerung, Durchführung, Koordination und auch Kontrolle eines konkreten

346 Antoni/*Antoni*, Gruppenarbeit im Unternehmen, S. 35.

347 *Engels*, FS Wissmann, S. 302 (303 f.); *Nill*, Selbstbestimmung in der Gruppe?, S. 68.

348 BT-Drs. 14/5741, S. 47.

349 *Nill*, Selbstbestimmung in der Gruppe?, S. 68.

350 D/K/W/*Wedde*, BetrVG, § 28a Rn. 14 f.; *Fitting*, BetrVG, § 28a Rn. 10 ff.; *Engels*, FS Wissmann, S. 302 (304).

Arbeitsauftrags umfassen.[351] Dadurch sind in jedem Fall Gruppen im Sinne des § 87 Abs. 1 Nr. 13 BetrVG erfasst, aber auch sonstige Formen der Team- und Projektarbeit kommen in Betracht.[352] Mithin sind die Entwicklungsteams Arbeitsgruppen nach dieser Vorschrift.

b. Übrige Voraussetzungen einer Delegation

Neben der Voraussetzung, dass eine Delegation erst in Betrieben mit mehr als 100 Arbeitnehmern in Betracht kommt, bedarf es als Grundlage zunächst einer Rahmenvereinbarung zwischen Arbeitgeber und Betriebsrat, aufgrund derer der Betriebsrat sodann für jede Arbeitsgruppe gesondert einen Übertragungsbeschluss fassen kann. Entscheidend ist insofern, dass lediglich Aufgaben übertragen werden dürfen, die in Zusammenhang mit den von der Arbeitsgruppe zu erledigenden Tätigkeiten stehen.

2. Vor- und Nachteile der Delegation sowie deren Praktikabilität

Bislang wurde von § 28a BetrVG selten Gebrauch gemacht.[353] Es ist zweifelhaft, ob sich daran etwas ändern wird. Die Vorschrift wurde bisweilen als Chance gesehen, mitunter aber auch heftig kritisiert.

Für eine Delegation nach § 28a BetrVG spricht die Einflussmöglichkeit der in den Arbeitsgruppen eingesetzten Arbeitnehmer, die dadurch unmittelbar an den sie betreffenden Angelegenheiten beteiligt werden sollen und diese mit Ideen und Erfahrungen entsprechend mitgestalten können.[354] Darüber hinaus können langwierige Abstimmungsprozesse vermieden und die Entscheidungsprozesse in den die Arbeitsgruppen betreffenden Angelegenheiten beschleunigt werden.[355] Nicht zuletzt kann die Delegation zu einer Entlastung des Betriebsrats führen. Dieser kann die verbleibende Zeit auf anderweitige Aufgaben verwenden[356] – auch wenn der Organisations- und Zeitaufwand, jedenfalls in größeren Betrieben, in denen die Vorschrift überhaupt erst Anwendung findet, mit einer Vielzahl an Arbeitsgruppen nicht außer Acht zu lassen ist.

Gegen eine Anwendung von § 28a BetrVG spricht hingegen die mit der Eigenständigkeit und Einflussmöglichkeit einhergehende Belastung der

351 D/K/W/*Wedde*, BetrVG, § 28a Rn. 14.
352 BT-Drs. 14/5741, S. 40.
353 D/K/W/*Wedde*, BetrVG, § 28a Rn. 1 m.w.N.
354 BT-Drs. 14/5741, S. 40; *Engels*, FS Wissmann, S. 302 (312 f.).
355 *Engels*, FS Wissmann, S. 302 (312).
356 *Engels*, FS Wissmann, S. 302 (312).

hängt letztlich immer von der Ausprägung der agilen Arbeitsmethode im Einzelfall ab, doch haben sich bereits einige stets relevante Tatbestände herausgebildet, die im Zusammenhang mit der Ein- und Durchführung agiler Arbeitsmethoden einer näheren Betrachtung bedürfen.

I. Allgemeine Informationsrechte des Betriebsrats

Bereits im Planungsstadium, d.h. noch vor der Ein- und Durchführung agiler Arbeitsmethoden, können Unterrichtungsansprüche des Betriebsrats ausgelöst werden. Der Betriebsrat soll dadurch in die Lage versetzt werden, die ihm bei der Ein- und Durchführung agiler Arbeitsmethoden zustehenden Beteiligungsrechte sach- und ordnungsgemäß wahrzunehmen. Die frühzeitige Beteiligung des Betriebsrats ist jedoch nicht nur aufgrund gesetzlicher Vorschriften geboten. Es ist sinnvoll, den Betriebsrat möglichst früh in die Umgestaltung miteinzubeziehen, um so der allgemeinen Skepsis, die mit der Einführung neuer Arbeitsmethoden einhergeht, entgegenzuwirken und Vorbehalte abzubauen, mithin zahlreiche Probleme zu vermeiden, die eine agile Umgestaltung später erheblich verzögern, wenn nicht sogar verhindern könnten.

Im BetrVG findet sich eine Vielzahl an Unterrichtungsansprüchen. In Bezug auf die Ein- und Durchführung agiler Arbeitsmethoden sind neben dem allgemeinen Unterrichtungsanspruch nach § 80 Abs. 2 S. 1 BetrVG insbesondere die Ansprüche aus §§ 90, 106 BetrVG herauszugreifen.

Der wohl umfassendste Unterrichtungsanspruch des Betriebsrats, der mit einer entsprechenden Auskunftspflicht des Arbeitgebers korrespondiert, ergibt sich aus § 80 Abs. 2 S. 1 BetrVG. Demnach ist der Betriebsrat rechtzeitig und umfassend zu unterrichten, damit dieser nicht nur seinen in § 80 Abs. 1 BetrVG genannten allgemeinen Aufgaben, sondern darüber hinaus sämtlichen ihm nach dem BetrVG obliegenden Aufgaben ordnungs- und sachgemäß nachkommen kann.[362] Der Arbeitgeber hat dem Betriebsrat die dafür erforderlichen Informationen und mitunter auch Unterlagen im Hinblick auf die agile Transformation zukommen zu lassen, löst diese doch eine Vielzahl an Mitwirkungs- und Mitbestimmungstatbeständen aus. Dabei ist zu beachten, dass sich der Unterrichtungsanspruch nach § 80 Abs. 2 S. 1 Hs. 2 BetrVG auch auf Personen bezieht, die nicht in einem Arbeitsverhältnis zum Arbeitgeber stehen. Insofern ist der Betriebsrat –unabhängig von Dauer und Häufigkeit der eingesetzten Personen[363] – insbesondere über den zeitlichen Umfang des Einsatzes, Einsatzort und

362 *Fitting*, BetrVG, § 80 Rn. 48.

363 D/K/W/*Buschmann*, BetrVG, § 80 Rn. 86.

Arbeitsaufgaben umfassend zu unterrichten. Die Regelung erlangt gerade im Fall unternehmensübergreifend tätiger Teams oder bei der Hinzuziehung einzelner Experten auf Werk- oder Dienstvertragsbasis an Bedeutung.

Darüber hinaus verpflichtet das Gesetz den Arbeitgeber in weiteren Vorschriften zur Unterrichtung des Betriebsrats. Herauszugreifen sind §§ 90 und 106 BetrVG.

Nach § 90 Abs. 1 Nr. 3 BetrVG besteht die Pflicht des Arbeitgebers den Betriebsrat zu unterrichten und ihm die erforderlichen Unterlagen vorzulegen, wenn es um die Planung von Arbeitsverfahren und Arbeitsabläufen geht. Darunter versteht man die organisatorische sowie räumliche und zeitliche Gestaltung der Arbeit, welche letztlich durch die Arbeitsmethode bedingt wird.[364] Plant der Arbeitgeber also eine neue Arbeitsmethode einzuführen, die wie im Fall der Scrum-Methode erhebliche Auswirkungen auf die Gestaltung der Arbeit hat – zu nennen sei hier der Übergang zur Gruppenarbeit[365] – so wird er auch aufgrund dieser Vorschrift zur Unterrichtung des Betriebsrats angehalten sein.[366]

Darüber hinaus wird der Wirtschaftsausschuss, sofern ein solcher im Unternehmen besteht, nach § 106 Abs. 2 BetrVG zu unterrichten sein. Schließlich geht es hier um die Einführung einer neuen Arbeitsmethode, mithin einer wirtschaftlichen Angelegenheit im Sinne des § 106 Abs. 3 Nr. 5 BetrVG, die den Unterrichtungsanspruch auslöst. Mitunter kann auch § 106 Abs. 3 Nr. 9 BetrVG einschlägig sein.[367]

In jedem Fall wird die Einführung agiler Arbeitsmethoden einen Unterrichtungsanspruch des Betriebsrats auslösen. Arbeitgeber sollten die damit einhergehende Pflicht zur Unterrichtung – ganz abgesehen von den betriebsverfassungsrechtlichen Konsequenzen unterlassener Unterrichtung – nicht vernachlässigen, sondern vielmehr nutzen, um ein gemeinsames Verständnis der Betriebsparteien für agiles Arbeiten herzustellen. Denn agiles Arbeiten erfordert auch immer ein gewisses „mindset", d.h. eine entsprechende Einstellung, um damit erfolgreich arbeiten zu können. Eine vertrauensvolle und kooperative Zusammenarbeit wird deshalb, insbesondere aus Sicht des Arbeitgebers, noch bedeutsamer. Denn aufgrund der an sich schon recht starren, nicht auf agile Strukturen ausgelegten Betriebsverfassung, bedarf es jedenfalls eines Betriebsrats, der entsprechend „agil" handelt, um agiles Arbeiten, d.h. schnell und

---

364 D/K/W/*Klebe/Wankel*, BetrVG, § 90 Rn. 12; *Fitting*, BetrVG, § 90 Rn. 23.

365 D/K/W/*Klebe/Wankel*, BetrVG, § 90 Rn. 13; *Fitting*, BetrVG, § 90 Rn. 25 m.w.N.

366 D/K/W/*Klebe/Wankel*, BetrVG, § 90 Rn. 13.

367 *Schulze/Volk*, ArbRAktuell 2019, 404 (406).

flexibel auf Veränderungen reagieren zu können, nicht noch mehr zu erschweren oder gar unmöglich zu machen. Für Betriebsräte besteht durch die frühzeitige Unterrichtung die Möglichkeit, den Umgestaltungsprozess aktiv im Sinne der betroffenen Arbeitnehmer mitzugestalten.

II. Beteiligungsrechte in wirtschaftlichen Angelegenheiten

Wirtschaftliche Angelegenheiten sind besonders geprägt von der unternehmerischen Entscheidungsfreiheit des Arbeitgebers. Die Beteiligungsrechte des Betriebsrats beschränken sich in wirtschaftlichen Angelegenheiten deshalb auf Unterrichtungs- und Beratungsrechte. Im Fall der Einführung agiler Arbeitsmethoden stellt sich die Frage, ob eine Betriebsänderung vorliegt, die eine Interessenausgleichs- und Sozialplanpflicht auslöst und wie diese sodann ggf. inhaltlich auszugestalten ist.

1. Einführung agiler Arbeitsmethoden als Betriebsänderung

Im Rahmen der agilen Transformation kann es zu einer mitwirkungspflichtigen Betriebsänderung im Sinne des § 111 BetrVG kommen. In Betracht kommt sowohl eine Betriebsänderung aufgrund grundlegender Änderungen der Betriebsorganisation nach § 111 S. 3 Nr. 4 BetrVG als auch eine Betriebsänderung aufgrund der Einführung grundlegend neuer Arbeitsmethoden nach § 111 S. 3 Nr. 5 BetrVG. Die Abgrenzung von § 111 S. 3 Nr. 4 zu Nr. 5 BetrVG kann sich im Einzelfall schwierig gestalten, da zwischen den Tatbeständen nur ein gradueller Unterschied besteht.[368] Dies hat allerdings kaum Auswirkungen, stehen sie doch alternativ zueinander.[369]

a. Änderung der Betriebsorganisation (§ 111 S. 3 Nr. 4 BetrVG)

Eine Änderung der Betriebsorganisation im Sinne des § 111 S. 3 Nr. 4 BetrVG ist anzunehmen, wenn der Betriebsaufbau geändert wird, insbesondere hinsichtlich Zuständigkeiten und Verantwortung. Diese Änderung muss grundlegend sein, d.h. sich in erheblicher Weise auf den Betriebsablauf auswirken. Es bedarf einschneidender Auswirkungen auf den Betriebsablauf, die Arbeitsweise oder die Arbeitsbedingungen der Arbeitnehmer.[370] Dies ist grundsätzlich qualitativ

---

368 ErfK/*Kania*, BetrVG, § 111 Rn. 20.

369 *Fitting*, BetrVG § 111 Rn. 90.

370 BAG v. 22.3.2016 – 1 ABR 12/14, Rn. 17; BAG v. 18. 3. 2008 – 1 ABR 77/06, Rn. 22; *Fitting*, BetrVG, § 111 Rn. 95.

zu bewerten. Allerdings kann auch die Zahl der betroffenen Arbeitnehmer oder das Gewicht der Auswirkungen auf diese als Indiz herangezogen werden.[371]

Als Beispiele einer Betriebsänderung im Sinne des § 111 S. 3 Nr. 4 BetrVG werden unter anderem die Zentralisierung oder derzeit häufigere Dezentralisierung von Zuständigkeiten, also die Verlagerung von Entscheidungskompetenzen „nach oben bzw. unten", sowie die (Um-)Organisation nach Sparten oder Geschäftsbereichen und auch der Übergang zur Gruppenarbeit genannt.[372] Höchstrichterlich wurde etwa eine Betriebsänderung nach § 111 S. 3 Nr. 4 BetrVG anerkannt im Fall der Auslagerung von bisher selbst erbrachten Leistungen auf externe Auftragnehmer bzw. Dienstleister, die mit dem Verlust betrieblicher Arbeitsplätze einherging und deshalb mit einer erheblichen Umgestaltung des Betriebsaufbaus und -ablaufs verbunden war[373] sowie die Einführung einer neuen, wenn auch nicht agilen, Organisationsstruktur, die zum Wegfall einer Hierarchieebene führte, wodurch sich Zuständigkeiten und Über- bzw. Unterstellungsverhältnisse veränderten.[374]

Demnach kann die Einführung agiler Arbeitsmethoden regelmäßig eine Betriebsänderung im Sinne des § 111 S. 3 Nr. 4 BetrVG darstellen. Dies ist jedenfalls anzunehmen, wenn mit der Einführung eine zuvor bestehende Linienorganisation weitgehend aufgelöst und die betroffenen Bereiche in eine agile Organisation überführt werden, so dass sich insbesondere Verantwortlichkeiten und Berichtswege gänzlich verschieben.[375] Dies ist letztlich jedoch immer eine Frage des Grads der konkreten Veränderungen.[376] So kann der Fall anders liegen, wenn nur ein Projekt, etwa aus Testzwecken, agil bearbeitet werden soll und es im Übrigen bei der bisherigen Linienorganisation bleibt.

In den Fällen, in denen aber eine Betriebsänderung anzunehmen ist, wird diese zumeist auch grundlegend, d.h. von erheblicher Bedeutung sein. Denn im Fall der agilen Umgestaltung ganzer Bereiche bleibt letztlich kaum „ein Stein auf dem anderen". Sollten im Einzelfall dennoch Zweifel bestehen, ob es sich um eine grundlegende Änderung handelt, ist dies danach zu beurteilen, ob jedenfalls ein erheblicher Teil der Belegschaft davon betroffen ist.[377]

---

371 BAG v. 22.3.2016 – 1 ABR 12/14, Rn. 21.

372 Ausdrücklich zur Gruppenarbeit LAG Nürnberg v. 1.8.2000 – 7 TaBV 43/99; i.Ü. *Fitting*, BetrVG, § 111 Rn. 92; H/W/K/*Hohenstatt/Willemsen*, BetrVG, § 111 Rn. 46.

373 BAG v. 18.11.2003 – 1 AZR 637/02, I.1.b. d. Gründe.

374 BAG v. 26.10.2004 – 1 AZR 493/03, A.I.2. d. Gründe.

375 *Günther/Böglmüller*, NZA 2019, 417 (423); *Hoffmann-Remy*, DB 2018, 2757 (2758); *Schulze/Volk*, ArbRAktuell 2019, 404 (406 f.); *Sittard/Müller*, ArbRB 2018, 381 (383).

376 *Hoffmann-Remy*, DB 2018, 2757 (2758).

377 So auch *Bachner*, FS-BetrVG, S. 17 (38).

b. Einführung grundlegend neuer Arbeitsmethoden (§ 111 S. 3 Nr. 5 BetrVG)

Darüber hinaus kann die Einführung agiler Arbeitsmethoden eine Betriebsänderung nach § 111 S. 3 Nr. 5 BetrVG darstellen, sofern es sich um die Einführung grundlegend neuer Arbeitsmethoden handelt. Als Arbeitsmethode im Sinne der Vorschrift bezeichnet man die Art und Weise, eine Arbeit systematisch abzuwickeln. Gemeint sind konzeptionelle Regelungen, die hinter dem mehr oder weniger in viele einzelne, unselbständige Arbeitsvorgänge gegliederten Arbeitsablauf stehen. [378] Das können beispielsweise die Entscheidung zur Einführung von Gruppenarbeit[379] oder alternativer Bürokonzepte[380] sowie die grundlegende Entscheidung über den Einsatz von Fremdpersonal oder die immer mehr an Bedeutung gewinnende innerbetriebliche oder auch betriebsübergreifende Vernetzung der Arbeitsabläufe sein.[381] Folglich wird man auch bei der Einführung agiler Arbeitsmethoden von einer Arbeitsmethode im Sinne des § 111 S. 3 Nr. 5 BetrVG sprechen können.

Eine Betriebsänderung wird man aber nur annehmen können, wenn diese auch grundlegend neu ist. Dies beurteilt sich nach den konkreten Verhältnissen des jeweiligen Betriebs. Bezüglich der Frage, ob die Änderung grundlegend ist, ist ein wertender Vergleich zwischen der bislang vorhandenen und nunmehr geplanten Methode durchzuführen.[382] Bestehen Zweifel, ob die Änderung grundlegend ist, kann sich dies – wie im Fall des § 111 S. 3 Nr. 4 BetrVG – auch durch die Zahl der dadurch betroffenen Arbeitnehmer ergeben.[383]

c. Zusammenfassung

Die Einführung agiler Arbeitsmethoden wird, auch wenn es am Ende immer auf die Umsetzung im Einzelfall ankommt, regelmäßig eine Betriebsänderung darstellen – entweder nach § 111 S. 3 Nr. 4 oder Nr. 5 BetrVG.[384] Der Übergang von § 111 S. 3 Nr. 4 zu Nr. 5 BetrVG ist fließend, was sich auch daran zeigt, dass in der Rechtsprechung durch dasselbe Gericht in an sich durchaus vergleichbaren

---

378 BAG v. 22.3.2016 – 1 ABR 12/14, Rn. 19.

379 LAG Nürnberg v. 1.8.2000 – 7 TaBV 43/99; GK-BetrVG/*Oetker*, § 111 Rn. 174 m.w.N.

380 ArbG Frankfurt a.M. v. 8.1.2003 – 2 BVGa 587/02.

381 D/K/W/Däubler, BetrVG, § 111 Rn. 113.

382 GK-BetrVG/*Oetker*, § 111 Rn. 176 f. m.w.N.

383 GK-BetrVG/*Oetker*, § 111 Rn. 178.

384 *Günther/Böglmüller*, NZA 2019, 417 (423); *Hoffmann-Remy*, DB 2018, 2757 (2758); *Schulze/Volk*, ArbRAktuell 2019, 404 (406); *Sittard/Müller*, ArbRB 2018, 381 (383).

Fällen einmal auf Nr. 4 und das andere Mal auf Nr. 5, mitunter aber auch kumulativ auf Nr. 4 und Nr. 5 abgestellt wurde.[385] Liegen die Voraussetzungen des einen und/oder anderen Tatbestands vor, bedarf es darüber hinaus keiner zusätzlichen Prüfung der in § 111 S. 1 BetrVG genannten Voraussetzung, dass die Betriebsänderung auch wesentliche Nachteile für die Belegschaft oder erhebliche Teile der Belegschaft zur Folge haben muss. Dies wird mitunter vielmehr unwiderleglich vermutet.[386]

2. *Beteiligungsrechte aufgrund einer Betriebsänderung*

a. *Unterrichtung des und Beratung mit dem Betriebsrat*

Der Betriebsrat ist rechtzeitig und umfassend über die geplante Änderung zu unterrichten und das Vorhaben mit diesem zu beraten.

Die Bestimmung des Zeitpunkts der Unterrichtung kann jedoch mit Schwierigkeiten verbunden sein, gerade im Fall der zunächst nur testweisen Einführung agiler Strukturen. Eine solche, oft nur kurzzeitige und auf einen kleinen Teil, meistens nur ein Projekt und damit auch nur auf wenige Arbeitnehmer, beschränkte Einführung wird die Anforderungen an eine grundlegende Betriebsänderung regelmäßig nicht erfüllen. Allerdings ist denkbar, dass sich an die Testphase nahtlos die agile Transformation jedenfalls erheblicher Teile oder gar der gesamten Organisation anschließt. Sind sodann die Voraussetzungen einer Betriebsänderung nach § 111 S. 3 Nr. 4 bzw. 5 BetrVG erfüllt, stellt sich die Frage, wann die Beteiligungsrechte des Betriebsrats nach § 111 S. 1 BetrVG ausgelöst werden.

Die Unterrichtung über die „geplante" Betriebsänderung muss „rechtzeitig" erfolgen, das bedeutet, dass die Vorüberlegungsphase soweit abgeschlossen sein muss, dass sich die Planung bereits auf eine bestimmte Maßnahme konkretisiert hat, mit deren Durchführung aber noch nicht begonnen wurde.[387] Der Betriebsrat ist demnach noch nicht während des Planungszeitraums zu unterrichten, sondern erst wenn der Arbeitgeber die aus seiner Sicht beste Lösung ausgewählt hat und sich diese derart konkretisiert hat, dass eine „geplante" Betriebsänderung vorliegt. Allerdings darf der Plan auch noch nicht abschließend feststehen.[388]

385 D/K/W/*Däubler*, BetrVG, § 111 Rn. 112 m.w.N.
386 Richardi/*Annuß*, BetrVG, § 111 Rn. 45 ff. m.w.N.
387 GK-BetrVG/*Oetker*, § 111 Rn. 201 ff.
388 GK-BetrVG/*Oetker*, § 111 Rn. 204.

Bezogen auf die testweise Einführung agiler Strukturen ist daher festzuhalten, dass diese, wenn sie die Grenzen zu einer grundlegenden Betriebsänderung noch nicht überschreitet, dem Planungszeitraum zugerechnet werden kann. Der Arbeitgeber will sich zunächst einmal einen Eindruck verschaffen, ob diese Art der Organisation überhaupt zielführend und gewinnbringend ist. Zu diesem Zeitpunkt ist der Betriebsrat darüber noch nicht zu unterrichten. Entscheidet sich der Arbeitgeber sodann im Anschluss an diese Testphase aber für die weitergehende Einführung agiler Arbeitsmethoden und der damit verbundenen Umstrukturierung der betrieblichen Organisation, kann dies eine Betriebsänderung darstellen. Wird mit der Umgestaltung unverzüglich begonnen, kann eine Beteiligung des Betriebsrats dann schon nicht mehr rechtzeitig sein. Deshalb ist dem Arbeitgeber zu raten, sollte er mit dem Gedanken spielen, sein Unternehmen im Anschluss an die Testphase unverzüglich weitgehender agil umzugestalten, den Betriebsrat jedenfalls gegen Ende der Testphase entsprechend zu unterrichten, um § 111 S. 1 BetrVG gerecht zu werden.

b. Interessenausgleichs- und Sozialplanpflicht

Darüber hinaus löst eine Betriebsänderung eine Interessenausgleichs- und ggf. auch eine Sozialplanpflicht aus. Vor Abschluss des Interessenausgleichs darf die beabsichtigte Maßnahme, also die agile Transformation, nicht umgesetzt werden.[389] Andererseits kann der Betriebsrat unter Umständen diese im Weg einer einstweiligen Verfügung untersagen lassen. Dies ist allerdings in der arbeitsgerichtlichen Entscheidungspraxis höchst umstritten.[390]

In Bezug auf den Inhalt der Vereinbarungen sind Regelungen zur Qualifizierung der betroffenen Arbeitnehmer zu berücksichtigen, wenn mit der Betriebsänderung eher die Veränderung als der Verlust von Arbeitsplätzen einhergeht, was gerade im Hinblick auf die Rolle der Führungskräfte in agilen Teams der Fall sein wird. [391] Insoweit wird häufig von sog. „Qualifizierungssozialplänen“ gesprochen, deren Inhalt sich auf Aspekte wie die Erhebung des Qualifizierungsbedarfs und die Auswahl des Teilnehmerkreises, den Gegenstand und Inhalt sowie die

---

389 *Sittard/Müller*, ArbRB 2018, 381 (383).

390 Dafür u.a. LAG Hamm v. 20.4.2012 – 10 TaBVGa 3/12; LAG Schleßwig-Holstein v. 15.12.2010 – 3 TaBVGa 12/10; LAG Hamburg v. 13.11.1981 – 6 TaBV 9/81; a.A. u.a. LAG Rheinland-Pfalz v. 07.12.2017 – 5 TaBVGa 3/17; LAG Nürnberg v. 9.03.2009 – 6 TaBVGa 2/09; LAG München v. 28.06.2005 – 5 TaBV 46/05.

391 *Günther/Böglmüller*, NZA 2019, 417 (423).

zeitliche Lage der Qualifizierungsmaßnahmen, die Teilnahmepflicht und nicht zuletzt die Kosten der Qualifizierungsmaßnahmen erstrecken kann.[392]

III. Beteiligungsrechte in personellen Angelegenheiten

1. Allgemeine personelle Angelegenheiten und Berufsbildung

Im Hinblick auf die Mitbestimmung in allgemeinen personellen Angelegenheiten und der Berufsbildung ergeben sich durch die agile Transformation keine auffallenden Besonderheiten. Herauszugreifen ist – in Zusammenhang mit dem oben angesprochenen unter Umständen bestehenden Qualifizierungsbedarf – § 97 Abs. 2 BetrVG. Danach kann der Betriebsrat, sofern die Voraussetzungen der Vorschrift erfüllt sind, im Fall eines Qualifizierungsdefizits bei der Durchführung betrieblicher Qualifizierungsmaßnahmen, wobei sowohl das „ob" als auch das „wie" der Maßnahmen der Mitbestimmung unterliegt, mitbestimmen.[393]

2. Personelle Einzelmaßnahmen im Sinne des § 99 BetrVG

Bei der Ein- und Durchführung agiler Arbeitsmethoden wird es selten zu Einstellungen als vielmehr zu Versetzungen sowie damit ggf. zusammenhängenden Ein- bzw. Umgruppierungen als personellen Einzelmaßnahmen im Sinne des § 99 Abs. 1 BetrVG kommen. In diesen Fällen ist der Betriebsrat rechtzeitig und umfassend über die geplante Maßnahme zu unterrichten. Der in Aussicht genommene Arbeitsplatz sowie die vorgesehene Ein- bzw. Umgruppierung sind diesem mitzuteilen. Sodann ist die Zustimmung des Betriebsrats einzuholen. Unter Umständen kann der Betriebsrat diese nach § 99 Abs. 2, 3 BetrVG verweigern.

a. Versetzung

Die Frage ist, inwiefern die erstmalige Zuweisung eines Arbeitnehmers von der Linienorganisation in eine agile Organisation sowie der Wechsel zwischen den Organisationen bzw. zwischen den agilen Teams eine nach § 99 Abs. 1 BetrVG mitbestimmungspflichtige Versetzung darstellt. Bevor eine Einschätzung vorgenommen werden kann, ist zunächst zu klären, wann eine Versetzung unter allgemeinen Gesichtspunkten anzunehmen ist.

---

392 *Günther/Böglmüller*, NZA 2019, 417 (423); *Röder/Gebert*, NZA 2017, 1289 (1294 ff.).

393 *Günther/Böglmüller*, NZA 2019, 417 (423); *Schulze/Volk*, ArbRAktuell 2019, 404 (406).

aa. Versetzungsbegriff

Der betriebsverfassungsrechtliche Versetzungsbegriff ist im Gesetz legaldefiniert. Nach § 95 Abs. 3 S. 1 BetrVG ist unter einer Versetzung im Sinne des Gesetzes die Zuweisung eines anderen Arbeitsbereichs zu verstehen, die voraussichtlich die Dauer von einem Monat überschreitet oder die mit einer erheblichen Änderung der Umstände verbunden ist, unter denen die Arbeit zu leisten ist. Maßgeblich für das Vorliegen einer Versetzung ist somit die Zuweisung eines anderen Arbeitsbereichs. Der Begriff des Arbeitsbereichs wird – in Anlehnung an § 80 Abs. 1, 2 BetrVG – durch den Inhalt und die Art der Tätigkeit sowie die Einordnung des Arbeitnehmers in den Arbeitsablauf des Betriebs bestimmt.[394] Entscheidend ist, dass der Arbeitnehmer auf Initiative des Arbeitgebers hin in einem anderen Arbeitsbereich tätig wird, wobei eine Zuweisung nicht nur in den Fällen vorliegen kann, in denen der Arbeitgeber dem Arbeitnehmer kraft seines Weisungsrechts einen anderen Arbeitsbereich zuweist, sondern auch, wenn sich der Arbeitnehmer mit der Veränderung einverstanden erklärt.[395] Dies ist anzunehmen, wenn sich durch die Zuweisung das Gesamtbild der Tätigkeit derart verändert, dass sich die nunmehr auszuführende Tätigkeit vom Standpunkt eines mit den betrieblichen Verhältnissen vertrauten Beobachters als eine andere darstellt.[396] Es bedarf demzufolge einer wesentlichen Veränderung des Arbeitsbereichs, die anzunehmen ist, wenn für den Arbeitnehmer in seinem konkreten Arbeitsalltag ein spürbar anderes „Arbeitsregime" herrscht.[397] Nicht jede, insbesondere kleinere, sich im Rahmen des für ein Arbeitsverhältnis typischen Schwankungsbereichs bewegende, Veränderung des Arbeitsbereichs stellt zugleich auch eine mitbestimmungspflichtige Versetzung dar – mag aber die Unterrichtungspflicht nach § 81 BetrVG auslösen.[398] Eine Versetzung ist darüber hinaus kraft Fiktion nach § 95 Abs. 3 S. 2 BetrVG nicht anzunehmen, wenn Arbeitnehmer nach der Eigenart ihres Arbeitsverhältnisses üblicherweise nicht ständig an einem bestimmten Arbeitsplatz beschäftigt werden.

---

394 Richardi/*Thüsing*, BetrVG, § 99 Rn. 115.
395 Richardi/*Thüsing*, BetrVG, § 99 Rn. 126 ff.
396 BAG v. 8.11.2016 – 1 ABR 56/14.
397 BAG v. 17.6.2008 – 1 ABR 38/07.
398 D/K/W/*Bachner*, BetrVG, § 99 Rn. 101.

bb. Versetzung in diesem Sinne

(1) Erstmalige Zuweisung in eine agile Organisation bzw. ein Entwicklungsteam

Die erstmalige Zuweisung in eine agile Organisation kann grundsätzlich eine Versetzung im oben genannten Sinne darstellen.[399] Die konkrete Einordnung wird, gerade aufgrund der vielseitigen Ausgestaltungsmöglichkeiten agiler Arbeitsmethoden, insbesondere der Scrum-Methode, jedoch stets eine Frage des Einzelfalls bleiben. In der Rechtsprechung gibt es bis dato diesbezüglich noch keine Entscheidungen. Allerdings haben sich im Laufe der Jahre einige Anhaltspunkte zur Annahme einer Versetzung herausgebildet, die zur Beurteilung vorliegend herangezogen werden können. Zumeist wird es sich bei der erstmaligen Zuweisung um eine Versetzung handeln, auch wenn zunächst immer der Vertragsinhalt einer genauen Betrachtung unterzogen und festgestellt werden sollte, ob eine solche Zuweisung nicht prägend für das Arbeitsverhältnis ist, so dass nach § 95 Abs. 3 S. 2 BetrVG auch im Fall der erstmaligen Zuweisung keine Versetzung anzunehmen wäre. Das ist jedoch bei der jedenfalls erstmaligen Zuweisung in eine agile Organisation unwahrscheinlich,[400] jedenfalls wenn mit der Ein- und Durchführung einer Arbeitsmethode derart weitreichende Änderungen der Organisationsstruktur einhergehen wie mit der Scrum-Methode. Aus mehreren Gründen ist denkbar, dass es sich um eine Versetzung handelt. Zum einen kann bereits eine Veränderung des Arbeitsorts, die mit der Zuweisung in ein agiles Team einhergehen kann, aber nicht muss, eine Versetzung begründen. Dabei kommt es nicht darauf an, ob sich die an dem anderen Arbeitsort zu erbringende Arbeitsleistung inhaltlich verändert oder es zu einer Eingliederung in eine andere organisatorische Einheit kommt, wenn diese entweder voraussichtlich die Dauer eines Monats überschreitet oder zugleich mit einer erheblichen Änderung der Umstände verbunden ist, unter denen die Arbeit zu leisten ist.[401] Dies ist regelmäßig anzunehmen beim Wechsel einer Abteilung oder einzelner Arbeitnehmer in eine andere organisatorische Einheit, also einen anderen Betrieb oder wenigstens Betriebsteil. Dabei ist die Veränderung meistens umso größer und eine Versetzung folglich eher anzunehmen, je kleiner die Abteilung

---

399 *Bachner*, FS-BetrVG, S. 17 (23); *Günther/Böglmüller*, NZA 2019, 417 (421); *Schulze/Volk*, ArbRAktuell 2019, 553 (555).

400 Zum ständigen bzw. späteren Wechsel zwischen der ursprünglichen und der agilen Organisation bzw. zwischen den Entwicklungsteams, s. sogleich Kapitel 4 – C.III.2.a.bb.(2).

401 Richardi/*Thüsing*, BetrVG, § 99 Rn. 121 ff.

oder Anzahl der betroffenen Arbeitnehmer ist.[402] Ein Wechsel des Arbeitsorts, etwa in Form eines Gebäude- oder Bürowechsels, einer ganzen Abteilung wird hingegen nur ausnahmsweise eine Versetzung darstellen.[403] Hier müssen weitere Umstände hinzutreten, um eine solche annehmen zu können.[404] Die mit der Zuweisung in ein agiles Team verbundene räumliche Veränderung des Arbeitsorts wird für sich genommen deshalb nur im Fall der betriebsübergreifenden Zusammenarbeit eine Versetzung darstellen können. Für den Betrieb, der den Arbeitnehmer in einen anderen Betrieb „entlässt", unabhängig davon ob dieser demselben oder einem anderen Unternehmen zuzuordnen ist und ob der Arbeitnehmer nur vorübergehend dort eingesetzt wird,[405] wird es sich sodann meistens um eine mitbestimmungspflichtige Versetzung handeln. Darüber hinaus können unter Umständen Mitbestimmungsverfahren zweier unterschiedlicher Betriebsräte ausgelöst werden, wenn der Arbeitnehmer in die andere Einheit sodann noch eingegliedert werden sollte und dies eine Einstellung im Sinne des § 99 Abs. 1 BetrVG darstellt. Das wird aber, wie bereits oben dargestellt, selten der Fall sein, wenn die Scrum-Methode „regelkonform" ausgeübt wird.

Darüber hinaus kann die Veränderung der Stellung der Arbeitnehmer in einer betrieblichen Einheit eine Versetzung darstellen, wofür die Rechtsprechung eine diese berührende Änderung der organisatorischen Umgebung verlangt. Diese kann in der Zusammenarbeit mit neuen Kollegen oder aber in dem schon angesprochenen Wechsel einer organisatorischen Einheit liegen.[406] Vom Sinn und Zweck der Mitbestimmung nach § 99 BetrVG ausgehend, wonach nicht nur die Interessen der Belegschaft, sondern auch die des einzelnen Arbeitnehmers zu schützen sind, hat der Betriebsrat einzugreifen, wenn für den Arbeitnehmer aufgrund der Zuweisung in seinem konkreten Arbeitsalltag ein spürbar anderes „Arbeitsregime" herrscht.[407] Dieses kann von den Arbeitskollegen ausgehen, wenn es wegen der erforderlichen intensiven Zusammenarbeit maßgeblich auf diese ankommt[408] – wie im Fall der Zusammenarbeit in agilen hierarchielosen

---

402 BAG v. 27.6.2006 – 1 ABR 35/05, Rn. 13; *Fitting*, BetrVG, § 99 Rn. 138 ff.

403 BAG v. 27.6.2006 – 1 ABR 35/05; LAG Berlin v. 22.11.1991 – 6 Ta BV 3/91; *Fitting*, BetrVG, § 99 Rn. 144.

404 D/K/W/*Bachner*, BetrVG, § 99 Rn. 109.

405 D/K/W/*Bachner*, BetrVG, § 99 Rn. 109.

406 BAG v. 10.4.1984 – 1 ABR 67/82, B.4. d. Gründe.

407 BAG v. 17.6.2008 – 1 ABR 38/07, Rn. 29.

408 BAG v. 17.6.2008 – 1 ABR 38/07, Rn. 29.

Teams, wobei die Organisationsstruktur und nicht das „Minus" an Weisungsgebundenheit entscheidend ist.[409]

Schließlich wird die Zuweisung in ein agiles Team aber meistens Veränderungen mit sich bringen, die Inhalt und Art der Tätigkeit betreffen. Zwar wird sich die Tätigkeit der eingesetzten Arbeitnehmer an sich, mithin der Inhalt ihrer Arbeitsaufgabe, durch die Zuweisung in ein agiles Team nicht ändern. Schließlich wird der IT-Experte ebenso wie der Marketing-Experte nach wie vor als solcher eingesetzt werden. Allerdings kann der Umstand, dass die Tätigkeit nunmehr im Zusammenspiel mit anderen, d.h. in einer Gruppe, erbracht werden soll, eine Änderung der Art der Tätigkeit und damit eine Versetzung darstellen. Ob die Einführung von Gruppenarbeit zu einer solchen führt, hängt maßgeblich von der Ausgestaltung durch den Arbeitgeber ab. Dies wird angenommen, wenn es sich um eine (teilautonome) Gruppe handelt, die im Rahmen eines Auftrags Planung, Steuerung, Durchführung, Koordinierung und Kontrolle ihrer Tätigkeit selbstverantwortlich wahrnimmt und dieser ein gewählter Gruppensprecher mit koordinierender Funktion vorsteht, sie mithin eine betriebliche Organisationseinheit darstellt.[410] Doch auch wenn agile Teams keine betrieblichen Organisationseinheiten darstellen,[411] wird damit regelmäßig eine Änderung der Art der Tätigkeit einhergehen. Entscheidend ist immer ein Vergleich der Tätigkeit vor und nach der Zuweisung. Die Art der Tätigkeit verändert sich durch die agile Arbeit in der Gruppe. Schließlich wird die bisherige Tätigkeit nunmehr in Abstimmung mit anderen in der Gruppe erbracht, die sich als solche selbst reguliert und verwaltet, mithin autonom agiert, was zuvor je nach Tätigkeitsprofil nicht immer möglich war.

Geht mit der Zuweisung in ein agiles Team zudem auch die Übertragung oder der Entzug wesentlicher Teilfunktionen einher, ist das eine andere Tätigkeit und damit letztlich eine Versetzung. Dabei sind quantitative oder qualitative Gesichtspunkte zu berücksichtigen.[412] Die Beurteilung, v.a. in qualitativer Hinsicht, gestaltet sich aber schwierig. Denkbar ist, dass der Umstand, dass den Arbeitnehmern in den agilen Teams nun mehr Verantwortung zuteilwird, könnte hier berücksichtigt werden. Ob das aber ausreicht, um von einer Übertragung wesentlicher Teilfunktionen zu sprechen, ist mit Blick auf die Beispiele in der Rechtsprechung fraglich. Hier wird etwa die Bestellung eines Arbeitnehmers

---

409 Vgl. *Fitting*, BetrVG, § 99 Rn. 139d; *Günther/Böglmüller*, NZA 2019, 273 (277).

410 *Fitting*, BetrVG, § 99 Rn. 140.

411 S. Kapitel 4 A.I.2.

412 *Fitting*, BetrVG, § 99 Rn. 128.

des Betriebs zum Datenschutzbeauftragten im Sinne des § 5 Abs. 3, 4 i.V.m. § 1 Abs. 4 BDSG als Beispiel angeführt.[413] Die Arbeit in einem agilen Team scheint damit nicht vergleichbar zu sein.

Letztlich bleibt festzuhalten, dass die erstmalige Zuweisung eines Arbeitnehmers in ein agiles Team nahezu immer eine Versetzung im Sinne des § 95 Abs. 3 S. 1 BetrVG darstellen und das Mitbestimmungsrecht nach § 99 Abs. 1 S. 1 BetrVG auslösen wird. Schließlich ändert sich durch die Einführung agiler Arbeitsmethoden bzw. Scrum „nahezu alles".[414] Es reicht aber auch schon aus, wenn – etwa im Fall einer Abwandlung der Scrum-Methode – nur einzelne der oben genannten Aspekte einschlägig sind.

(2) (Ständiger/späterer) Wechsel zwischen der ursprünglichen und der agilen Organisation bzw. zwischen den Entwicklungsteams

Nach der erstmaligen Zuweisung eines Arbeitnehmers in eine agile Organisation, stellt sich aber die Frage, ob nun bei jedem Wechsel, sei es von einer agilen Organisation zurück in die Linienorganisation, sofern diese (noch) vorhanden ist, bzw. von einem agilen Team in ein anderes solches Team, eine mitbestimmungspflichtige Versetzung vorliegt, würde dies doch einen enormen administrativen Aufwand bedeuten.

Hier rückt § 95 Abs. 3 S. 2 BetrVG nochmals in den Vordergrund. Demnach ist eine Versetzung dann nicht anzunehmen, wenn Arbeitnehmer nach der Eigenart ihres Arbeitsverhältnisses üblicherweise nicht ständig an einem bestimmten Arbeitsplatz beschäftigt werden. Arbeitsplatz ist hier gleichbedeutend mit Arbeitsbereich – es handelt es sich lediglich um ein Redaktionsversehen.[415] Der Wechsel zwischen den Organisationen bzw. Teams, der grundsätzlich mit der Änderung des Arbeitsbereichs verbunden ist, muss also für das einzelne Arbeitsverhältnis üblich sein. Dies ist jedenfalls im Fall des Wechsels zwischen bisheriger und agiler Organisation anzunehmen, ist der Wechsel zwischen den Organisationen doch vergleichbar mit den bereits anerkannten Fallgruppen, wie etwa dem IT-Spezialisten, der bei unterschiedlichen Kunden eingesetzt wird.[416] Bezüglich des Wechsels zwischen den Teams ist sodann schon fraglich, ob durch

413 BAG v. 22.3.1994 – 1 ABR 51/93; *Fitting*, BetrVG, § 99 Rn. 131 m.w.N.

414 *Bachner*, FS-BetrVG, S. 17 (23).

415 Vgl. BT-Drs. VI/1786, S. 19, in der noch in § 95 Abs. 3 S. 1 und S. 2 einheitlich von „Arbeitsplatz" die Rede ist; Richardi/*Thüsing*, BetrVG, § 99 Rn. 113.

416 *Bachner*, FS-BetrVG, S. 17 (23); *Günther/Böglmüller*, NZA 2019, 273 (277); a.A. *Schulze/Volk*, ArbRAktuell 2019, 553.

die Zuweisung in ein anderes Team überhaupt der Tatbestand der Versetzung erfüllt wird. Denn letztlich ändert sich der Arbeitsbereich nicht derart wie bei der erstmaligen Zuweisung. Im Übrigen ist aber der Wechsel der Teams für agile Arbeitsmethoden typisch, so dass im Ergebnis jedenfalls auch § 95 Abs. 3 S. 2 BetrVG greifen wird.

(3) Praktische Umsetzung

Sollte man jedoch im Einzelfall zu der Auffassung kommen, dass nicht nur bei der erstmaligen Zuweisung in ein agiles Team, sondern auch bei jedem Wechsel eine mitbestimmungspflichtige Versetzung anzunehmen ist, sollten hier Lösungen mit dem Betriebsrat erarbeitet werden, um den administrativen Aufwand so gering als möglich zu halten.

Denkbar ist die Aufstellung einer Rahmenbetriebsvereinbarung, die Regelungen zu eben dieser Frage enthält, obgleich es zu berücksichtigen gilt, dass es dadurch nicht zu einem unzulässigen und unwirksamen Verzicht auf die Mitbestimmungsrechte kommt.[417] Als Regelung kommt in Betracht, die Zuordnung der Beschäftigten zu den einzelnen Einheiten elektronisch zu dokumentieren. Dafür bieten sich sog. Personalmanagement-Tools an, deren Einführung aber wiederum dem Mitbestimmungsrecht nach § 87 Abs. 1 Nr. 6 BetrVG unterliegen kann.[418] Denkbar ist, dem Betriebsrat vorab oder, sofern ein solches Tool bereits bestehen sollte, darüber eine „Startaufstellung“ zukommen zu lassen, wer in welcher Organisation bzw. welchem Team eingesetzt wird und in der Folge etwaige Wechsel zu dokumentieren. Um den Aufwand gering zu halten, bietet es sich an, den Betriebsrat sodann in immer wiederkehrenden, festen Zeitabschnitten, beispielsweise im Zwei- oder Vierwochentakt, diese Dokumentationen vorzulegen.

b. Ein- und Umgruppierung

Im Rahmen der agilen Transformation kann es auch zu Ein- und Umgruppierungen kommen, die ebenfalls das Mitbestimmungsrecht nach § 99 Abs. 1 S. 1 BetrVG auslösen. Voraussetzung für die Ein- bzw. Umgruppierungen ist jedoch, dass eine Vergütungsordnung, d.h. ein kollektives, mindestens zwei Vergütungsgruppen enthaltendes Entgeltschema, besteht, die eine Zuordnung der Arbeitnehmer aufgrund bestimmter generell beschriebener Merkmale ermöglicht.[419]

---

417 *Günther/Böglmüller*, NZA 2019, 417 (421); *Sittard/Müller*, ArbRB 2018, 381 (383).

418 *Bachner*, FS-BetrVG, S. 17 (24).

419 BAG v. 14.4.2015 – 1 ABR 66/13, Rn. 22 ff.; BAG v 11.9.2013 – 7 ABR 29/12, Rn. 18 ff.; *Fitting*, § 99 Rn. 79a.

Hier wird oftmals zunächst das Problem auftauchen, dass die Rollen oder Tätigkeiten, die agile Arbeitsmethoden wie die Scrum-Methode mit sich bringen, nicht durch die bisherigen Lohn- und Gehaltsgruppen abgebildet werden und es zuerst einer entsprechenden Anpassung jener bedarf.[420] Es sollte also zunächst festgestellt werden, inwiefern die Vergütungsgruppen im Hinblick auf die neue Organisationsform und die damit einhergehenden Veränderungen, wie den Abbau von Hierachieebenen, noch der Wirklichkeit entsprechen. In den meisten Fällen werden Vergütungsgruppen angepasst oder sogar neu geschaffen werden müssen, um die Rollen agiler Arbeitsmethoden zu erfassen. Insbesondere muss dabei darauf geachtet werden, dass häufige Wechsel typisch sind für die Arbeit in agilen Teams, so dass auch diesem Gesichtspunkt dabei Rechnung getragen werden sollte.[421]

Besteht eine entsprechende Vergütungsordnung, so ist der Betriebsrat nach § 99 Abs. 1 S. 1 BetrVG zu beteiligen. Insofern steht diesem aber kein Gestaltungsrecht, sondern lediglich ein Mitbeurteilungsrecht zu, welches eine größere Gewähr für die Richtigkeit der vorgenommenen Ein- oder Umgruppierung bieten soll.[422] Auch hier erscheint es sinnvoll ein gemeinsames Verständnis zwischen dem Arbeitgeber und der Gewerkschaft und/oder dem Betriebsrat herzustellen, um die Zuordnung der Arbeitnehmer zu ihren agilen Rollen und in die entsprechenden Vergütungsgruppen auf Dauer zu erleichtern.[423]

c. *Zusammenfassung*

Im Ergebnis ist festzuhalten, dass es im Rahmen der agilen Transformation zu personellen Einzelmaßnahmen in Form von Versetzungen und damit verbundenen Umgruppierungen kommen wird, in deren Fällen der Betriebsrat entsprechend zu beteiligen ist.

Die erstmalige Zuweisung in eine agile Organisation wird im Regelfall eine Versetzung darstellen. Anders sieht es hingegen bei späteren Wechseln zwischen der ursprünglichen und agilen Organisation bzw. den agilen Einheiten aus. Sofern die Wechsel für das jeweilige Arbeitsverhältnis prägend sind, was

---

420 *Bachner*, FS-BetrVG, S. 17 (24 f.); im Hinblick auf § 87 Abs. 1 Nr. 10 BetrVG *Günther/Böglmüller*, NZA 2019, 417 (421); *Hoffmann-Remy*, DB 2018, 2757 (2759).

421 Im Hinblick auf § 87 Abs. 1 Nr. 10 BetrVG *Günther/Böglmüller*, NZA 2019, 417 (421); *Hoffmann-Remy*, DB 2018, 2757 (2759); *Schulze/Volk*, ArbRAktuell 2019, 553 (555).

422 St. Rspr. und h.M., s. statt vieler BAG v. 14.4.2015 – 1 ABR 66713, Rn. 25; *Fitting*, § 99 Rn. 96 m.w.N.

423 *Bachner*, FS-BetrVG, S. 17 (25); *Günther/Böglmüller*, NZA 2019, 417 (421).

überwiegend der Fall sein wird, sind agile Arbeitsmethoden einmal eingeführt worden, stellt der ständige Wechsel zwischen den Organisationen und/oder Einheiten zumeist keine weitere Versetzung mehr dar (vgl. § 95 Abs. 3 S. 2 BetrVG).

Auch Umgruppierungen können mit den Versetzungen einhergehen, die das Mitbestimmungsrecht nach § 99 Abs. 1 S. 1 BetrVG erneut auslösen. Hier sind Vergütungsgruppen entsprechend anzupassen. Die Mitbestimmung bezieht sich sodann auf die korrekte Einordnung.

In jedem Fall ist es sinnvoll, die beteiligten Parteien auch hier (frühzeitig) einzubinden, um so ein gemeinsames Verständnis herzustellen, damit der unter Umständen außergewöhnlich hohe Zeit- und Arbeitsaufwand im Hinblick auf die vielen mitbestimmungspflichtigen Einzelmaßnahmen, die gerade in größeren Unternehmen, welche von vielen Wechseln betroffen sind, aufkommen werden, so gering als möglich zu halten und somit erfolgreicher agiler Arbeit nicht entgegenzuwirken.

IV. Beteiligungsrechte in sozialen Angelegenheiten

Die Beteiligungsrechte in sozialen Angelegenheiten bilden den Kernbereich der erzwingbaren Mitbestimmung.[424] Hier rückt im Rahmen der agilen Transformation der Tatbestand des § 87 Abs. 1 Nr. 13 BetrVG in den Fokus, dessen Voraussetzungen sowie Verhältnis zu den übrigen Tatbeständen des § 87 Abs. 1 BetrVG zunächst beleuchtet wird. Im Anschluss wird noch auf die Besonderheiten der anderen Tatbestände im Rahmen der agilen Transformation eingegangen.

1. Mitbestimmung bei der Durchführung von Gruppenarbeit nach § 87 Abs. 1 Nr. 13 BetrVG

Mit der Einführung agiler Arbeitsmethoden rückt der 2001 eingeführte,[425] bis dato jedoch eher im Hintergrund stehende, Mitbestimmungstatbestand des § 87 Abs. 1 Nr. 13 BetrVG, wonach über die Grundsätze über die Durchführung von Gruppenarbeit mitzubestimmen ist, in den Fokus. Es stellt sich die Frage, ob die Tätigkeit agiler Teams, insbesondere die der hier beschriebenen Entwicklungsteams, als Gruppenarbeit im Sinne dieser Vorschrift zu verstehen ist und worauf sich das Mitbestimmungsrecht sodann erstreckt.

---

424 S. nur ErfK/*Kania,* BetrVG, § 87 Rn. 1.

425 Art. 1 des Gesetzes zur Reform des Betriebsverfassungsgesetzes, BGBl. I 2001, S. 1852 (1860).

a. Gruppenarbeit im Sinne des § 87 Abs. 1 Nr. 13 BetrVG

§ 87 Abs. 1 Nr. 13 BetrVG enthält in Hs. 2 eine Definition des Begriffs der Gruppenarbeit. Diese liegt vor, wenn im Rahmen des betrieblichen Arbeitsablaufs eine Gruppe von Arbeitnehmern eine ihr übertragene Gesamtaufgabe im Wesentlichen eigenverantwortlich erledigt. Doch die hier genannten Begrifflichkeiten sind teils unklar, so dass es einer Klärung bedarf, was darunter zu verstehen ist und ob auch die Scrum-Teams unter den Gruppenarbeitsbegriff des § 87 Abs. 1 Nr. 13 BetrVG zu subsumieren sind.

aa. Gruppe von Arbeitnehmern

Zunächst muss es sich um eine Gruppe von Arbeitnehmern handeln. Das Gesetz enthält keine Angaben dazu, ab welcher Anzahl ein Zusammenschluss oder eine Zusammenfassung von Arbeitnehmern als Gruppe einzustufen ist.

Im Rahmen der Arbeits- und Organisationspsychologie wird teilweise bereits im Fall eines Zusammenschlusses bzw. einer Zusammenfassung von zwei Personen von einer Gruppe gesprochen, sofern diese über eine gewisse Zeit hinweg derart miteinander interagieren, dass sie sich gegenseitig in ihrem Tun beeinflussen sowie ein gemeinsames Ziel und eine jedenfalls ansatzweise entwickelte Gruppenstruktur haben.[426] Dem kann allerdings entgegengehalten werden, dass gruppendynamische Prozesse regelmäßig innerhalb einer größeren Gruppe zu beobachten sind. Auch die Gefahr des damit einhergehenden Gruppendrucks, dem das Mitbestimmungsrecht entgegenwirken soll, steigt mit zunehmender Anzahl an Gruppenmitgliedern. Deshalb erscheint es überzeugender, eine Gruppe im Sinne des § 87 Abs. 1 Nr. 13 BetrVG erst ab einer Mindestanzahl von drei Arbeitnehmern anzunehmen.[427]

Eine Beschränkung der Anzahl der Gruppenmitglieder nach oben ist im Ergebnis aus praktischen Gründen abzulehnen.[428] Anhaltspunkte dafür finden sich im Gesetz nicht. Grund hierfür wird sein, dass die Gruppengröße nicht anhand starrer Kriterien, sondern vielmehr funktional festgelegt werden sollte. Schließlich macht es wenig Sinn eine weitere Person, deren Knowhow für die Bearbeitung eines bestimmten Auftrags von grundlegender Bedeutung ist, nur aufgrund zuvor festgelegter abstrakter Vorgaben nicht miteinzubeziehen oder

---

426 Antoni/*Antoni*, Gruppenarbeit im Unternehmen, S. 24.

427 *Löwisch*, BB 2001, 1790 (1792) mit Hinweis auf das ähnlich gelagerte Problem des Bandenbegriffs im Strafrecht, vgl. BGH v. 22.3.2001 – GSSt 1/00, C.I.2. d. Gründe; *Wiese*, BB 2002, 198 (199).

428 So auch *Hund*, § 87 Abs. 1 Nr. 13 BetrVG, S. 24.

Arbeitsprozesse deshalb zu trennen.[429] Nichtsdestotrotz ist mit Blick auf die erfolgreiche Durchführung von Gruppenarbeit festzuhalten, dass kleinere Gruppen einige Vorteile mit sich bringen. Denn ab einer gewissen Gruppengröße tritt die Leistung des Einzelnen mehr und mehr in den Hintergrund, nimmt mithin ab. Zudem können Kommunikations- und Abstimmungsprozesse erschwert werden, je mehr Personen daran zu beteiligten sind.[430]

Diese Erkenntnisse decken sich auch mit den Ausführungen des Scrum Guides zur optimalen Größe des Entwicklungsteams. Demnach sollte das Entwicklungsteam – Product Owner, soweit dieser vorhanden ist, und Scrum Master ausgenommen – im Idealfall drei bis neun Personen zählen. Dadurch ist es klein genug, um agil zu bleiben und groß genug, um die anfallende Arbeit entsprechend zu bewältigen, ohne dass der Prozess insgesamt zu komplex wird und zu viel Koordination erfordert.[431]

Im Rahmen der Zusammenarbeit nach der Scrum-Methode selbständig Beschäftigte fallen mangels ihrer Eigenschaft als Arbeitnehmer schon nicht unter das BetrVG, folglich sind sie auch im Rahmen von § 87 Abs. 1 Nr. 13 BetrVG nicht zu berücksichtigen.

bb. Übertragung einer Gesamtaufgabe

Der Gruppe muss eine Gesamtaufgabe übertragen werden, d.h. die lediglich organisatorische Zusammenfassung von Arbeitnehmern zu einer Gruppe, in welcher diese in Koordination ihre Einzelaufgaben erledigen, reicht nicht aus. Vielmehr muss ein abgegrenztes und abgeschlossenes Gesamtergebnis der Gruppe vorliegen, etwa in Form eines funktionsfähigen Produktes.[432] Dies ist auch bei der Scrum-Methode gerade das Ziel. Gruppen sollen aufgrund dieses Rahmenwerks in die Lage versetzt werden, komplexe Produkte, mithin Gesamtaufgaben, zu entwickeln und zu erhalten.[433]

cc. Eigenverantwortlichkeit der Gruppe

Wesentliches Merkmal der Gruppenarbeit im Sinne des § 87 Abs. 1 Nr. 13 BetrVG ist, dass die Gruppen die ihnen übertragenen Aufgaben im Wesentlichen eigenverantwortlich erledigen. Hier stellt sich die Frage, was eigentlich

---

429 Antoni/*Antoni*, Gruppenarbeit im Unternehmen, S. 25.
430 Antoni/*Antoni*, Gruppenarbeit im Unternehmen, S. 25.
431 *Sutherland/Schwaber*, Scrum Guide, S. 6.
432 D/K/W/*Klebe*, BetrVG, § 87 Rn. 377.
433 *Sutherland/Schwaber*, Scrum Guide, S. 3.

unter Eigenverantwortlichkeit zu verstehen ist. Derartige Unklarheiten wurden bereits bei der Einführung des Tatbestands bemängelt.[434]

Auch hierzu finden sich weder im Gesetz noch in der Gesetzesbegründung Angaben. In dieser wird lediglich auf teilautonome Gruppen abgestellt, denen die erforderliche Eigenverantwortlichkeit immanent sei, ohne weitere Ausführungen zum Begriff der Eigenverantwortlichkeit an sich zu machen.[435] Eigenverantwortlichkeit ist anzunehmen, wenn die Gruppe die einzelnen, für die Erfüllung der Gesamtaufgabe notwendigen, Arbeitsschritte eigenständig plant, steuert und verteilt sowie das Ergebnis kontrolliert.[436] Nicht erfasst werden deshalb Gruppen, wie etwa die Akkordkolonne, die sich in einem reinen Organisationsakt der Zusammenfassung mehrerer Arbeitnehmer erschöpfen, ohne dass diesen zugleich ein gewisses Maß an Eigenverantwortlichkeit für die Gestaltung planender und ausführender Tätigkeiten zugebilligt wird.[437] Dagegen ist die Eigenverantwortlichkeit für teilautonome Gruppen, die nach der Gesetzesbegründung in erster Linie erfasst werden sollen, ein geradezu prägendes Merkmal.[438] Nichtsdestotrotz greift es zu kurz, wenn man lediglich auf das Gruppenkonzept der teilautonomen Gruppe abstellt, zeigt doch die derzeitige Entwicklung, dass neue Gruppenkonzepte hinzukommen können, zu denen eben auch agile Teams zählen. Diese besitzen wie teilautonome Gruppen ein hohes Maß an Eigenverantwortlichkeit und müssen daher auch von diesem Tatbestandsmerkmal erfasst werden. Daran zeigt sich, dass nicht abstrakt auf Gruppenkonzepte abzustellen, sondern jeweils im Einzelfall zu prüfen ist, welche Form von Gruppenarbeit aufgrund des jeweiligen Grads an Eigenverantwortlichkeit tatsächlich erfasst sein soll. Anderenfalls könnten Gruppen, deren Mitglieder des Schutzes des § 87 Abs. 1 Nr. 13 BetrVG gleichermaßen bedürfen, vorschnell aus dem Anwendungsbereich der Vorschrift ausgenommen werden.

In Bezug auf agile Arbeit stellt sich noch die Frage, inwiefern es eine Rolle spielt, wenn der Arbeitgeber oder an dessen Stelle der Product Owner, sofern diese Rolle besetzt wird, anfangs bestimmte Vorgaben in Bezug auf das letztlich herzustellende Produkt machen. Das Merkmal der Eigenverantwortlichkeit wird insofern ein wenig „entschärft", als es heißt, dass die Gruppen „im Wesentlichen"

---

434 S. statt vieler *Blanke,* RdA 2003, 140 (142 f.); *Preis/Elert,* NZA 2001, 371 (372 f.).

435 BT-Drs. 14/5741, S. 47.

436 BT-Drs. 14/5741, S. 48; D/K/W/*Klebe,* BetrVG, § 87 Rn. 378; *Fitting,* BetrVG, § 87 Rn. 568; *Preis/Elert,* NZA 2001, 371 (372 f.).

437 *Preis/Elert,* NZA 2001, 371 (372 f.).

438 Vgl. Kapitel 4 – B.II.1.a.aa.(2).

eigenverantwortlich tätig werden sollen. Die Arbeit soll weitgehend, aber nicht zwingend gänzlich, eigenverantwortlich erbracht werden. Das bedeutet, dass gewisse betriebliche (Ziel-)Vorgaben, etwa seitens des Arbeitgebers, den sodann nur noch das Ergebnis interessiert, der Annahme der Eigenverantwortlichkeit nicht entgegenstehen, sofern die Gruppe jedenfalls während der Durchführung der einzelnen Produktionsabschnitte in fachlicher Hinsicht ohne Eingriffe „von außen" selbstbestimmt und eigenverantwortlich agieren kann.[439]

dd. Im Rahmen des betrieblichen Arbeitsablaufs

Die eigenverantwortliche Gruppe muss im Rahmen des betrieblichen Arbeitsablaufs tätig werden. Der Gesetzesbegründung nach, der einige Stimmen in der Literatur, ohne näher auf diese Merkmal einzugehen oder sich damit auseinanderzusetzen, folgen,[440] erfasst § 87 Abs. 1 Nr. 13 BetrVG „keine Arbeitsgruppen, die nur parallel zur Arbeitsorganisation bestehen, wie z.B. Projektgruppen oder Steuerungsgruppen". Die Gefahren der Selbstausbeutung und Ausgrenzung leistungsschwächerer Arbeitnehmer, wegen derer das Mitbestimmungsrecht eingeführt wurde, bestünden dieser Ansicht nach hier nicht.[441]

Dieser doch sehr engen Ansicht stehen einige Stimmen in der Literatur entgegen. *Richardi*[442] und *Klebe*[443] stimmen dem in dieser Allgemeinheit nicht zu und wollen lediglich Arbeitsgruppen aus dem Anwendungsbereich der Vorschrift herausnehmen, die für eine lediglich kurzfristige Aufgabenerledigung gebildet werden und deshalb nicht Teil der üblichen Arbeitsorganisation seien. In eine ähnliche Richtung gehen auch *Löwisch/Kaiser*,[444] die ausdrücklich Projekt- oder Steuerungsgruppen einbeziehen, sofern diese die übrigen Voraussetzungen des § 87 Abs. 1 Nr. 13 BetrVG, insbesondere die eigenverantwortliche Erledigung einer Aufgabe, beispielsweise die Entwicklung oder Verbesserung eines Produkts, erfüllten, da somit ein eigener betrieblicher Ablauf vorliege, bei dem die genannten Risiken ebenso auftreten könnten und deshalb auch hier der Schutzzweck des § 87 Abs. 1 Nr. 13 BetrVG greife.

---

439 D/K/W/*Klebe*, BetrVG, § 87 Rn. 378.

440 *Fitting*, BetrVG, § 87 Rn. 570; GK-BetrVG/*Wiese*, § 87 Rn. 1079; *Hund*, § 87 Abs. 1 Nr. 13 BetrVG, S. 26, der dem zustimmt, da in solchen Gruppen u.a. keine arbeitsvertraglichen Hauptleistungspflichten erfüllt werden.

441 BT-Drucks. 14/5741, S. 48.

442 Richardi/*Richardi*, BetrVG, § 87 Rn. 979.

443 D/K/W/*Klebe*, BetrVG, § 87 Rn. 379.

444 *Löwisch/Kaiser*, BetrVG, § 87 Rn. 276.

Letzteren Ansichten ist im Gegensatz zu der Gesetzesbegründung und deren Befürwortern zuzustimmen. An der Gesetzesbegründung zeigt sich, wie bereits im Rahmen der Eigenverantwortlichkeit, dass weniger auf Begrifflichkeiten abgestellt werden sollte, sondern vielmehr eine Prüfung im Einzelfall stattfinden muss.[445] Schließlich besteht bezüglich der Einordnung und des Verständnisses der Gruppenkonzepte Uneinigkeit.[446] So werden agile Teams häufig mit Projektgruppen gleichgesetzt, was nach Ansicht des Gesetzgebers zu einer Nichtanwendung des § 87 Abs. 1 Nr. 13 BetrVG führen könnte, obgleich sie sich – je nach Ausgestaltung – eben doch in einigen wenigen, aber ganz wesentlichen Punkten von diesen unterscheiden.[447]

Es kommt entscheidend darauf an, was unter „parallel zur Arbeitsorganisation“ bestehenden Gruppen zu verstehen ist. Verändert sich nichts an der Arbeitsorganisation, besteht diese also nach wie vor unverändert weiter und werden nur einige wenige Arbeitnehmer mit weiteren Aufgaben, d.h. zusätzlich zu ihren Hauptleistungsaufgaben,[448] betraut, so ist nachzuvollziehen, wenn diese nicht den Schutz des § 87 Abs. 1 Nr. 13 BetrVG erfahren sollen. Denn wenn beispielsweise zwar regelmäßig, aber nur von Zeit zu Zeit und nach Bedarf oder sogar freiwillig, wie es bei Qualitätszirkeln der Fall ist,[449] zusammengearbeitet wird, besteht für weitere Regelungen kein Bedarf, besteht das Risiko des Gruppendrucks doch auch nicht. Diese Gruppen werden zumeist aber auch schon wegen eines der zuvor genannten Merkmale ausscheiden.

Dann kann es aber auch sein, dass, wie häufig mit der Einführung agiler Arbeitsmethoden, Teile des Unternehmens derart umgestaltet werden, dass zwar die bisherige Arbeitsorganisation, etwa die typische Linienorganisation, bestehen bleibt, aber zudem eine Sparte „Gruppenarbeit“, in der nur noch in agilen Teams gearbeitet wird, eingeführt wird. Diese besteht dann genau genommen auch parallel zu der bisherigen Arbeitsorganisation. Diese Gruppen sind unter § 87 Abs. 1 Nr. 13 BetrVG zu fassen, denn es ist kein Grund ersichtlich, warum die dort tätig werdenden Arbeitnehmer nicht gleichermaßen dem Risiko der Selbstausbeutung und Ausgrenzung Leistungsschwächerer ausgesetzt sein sollten.

---

445 So auch D/K/W/*Klebe*, BetrVG, § 87 Rn. 379.

446 *Preis/Elert*, NZA 2001, 371 (371 f.) m.w.N.

447 Zur Einordnung der Entwicklungsteams und den Unterschieden und Gemeinsamkeiten zu Projekt- sowie teilautonomen Gruppen, s. Kapitel 4 – B.II.1.a.

448 Vgl. auch *Hund*, § 87 Abs.1 Nr. 13 BetrVG, S. 26.

449 Vgl. *Elert*, Gruppenarbeit, S. 21 ff.

Mitunter wird, auch von den etwas weitergehenden Auffassungen, vertreten, dass Gruppen aber nur erfasst werden sollen, wenn es sich nicht lediglich um kurzfristige, temporär gebildete Gruppen handelt.[450] Doch was heißt „kurzfristig bzw. temporär" oder im Gegensatz dazu „dauerhaft" überhaupt? Ein Vergleich mit dem Betrieb als solchem liegt hier nahe. Auch in diesem Zusammenhang wird eine gewisse Dauerhaftigkeit gefordert. Dies bedeutet aber nicht, dass ein solcher auf längere oder unbestimmte Zeit eingerichtet sein muss.[451] Auch Saison- oder Kampagnenbetriebe werden letztlich erfasst und diese bestehen oft auch nur für wenige Wochen oder Monate.[452] Wenn das aber schon ausreichen soll, um die Dauerhaftigkeit eines Betriebs zu bejahen, so sollte das doch erst recht für Gruppen im Sinne des § 87 Abs. 1 Nr. 13 BetrVG gelten. Schließlich sind die Konsequenzen der Annahme eines Betriebs viel weitreichender.

ee. Zusammenfassung

Bezüglich Größe und Zusammensetzung der agilen Teams gibt es rechtlich keinerlei Vorgaben. Lediglich Selbständige können hier nicht erfasst werden. Im Übrigen ist den Teams regelmäßig eine Gesamtaufgabe übertragen, die sie eigenverantwortlich erledigen. Dies ist nämlich gerade das, was agile Arbeit ausmacht - der Umstand, dass die Teams selbständig und autonom komplexe Aufgaben lösen, mithin Produkte entwickeln. Einige Gestaltungen fallen allerdings aufgrund des letzten Merkmals „im Rahmen des betrieblichen Arbeitsablaufs" aus dem Anwendungsbereich des § 87 Abs. 1 Nr. 13 BetrVG heraus. Allen voran sind dies unternehmensübergreifend tätige Teams, die oft tatsächlich nur einmalig zusammenarbeiten und für die mitunter nur wenige Arbeitnehmer aus den jeweiligen festen Strukturen der beteiligten Unternehmen herausgenommen werden. Auch die unternehmensinterne, aber betriebsübergreifende Zusammenarbeit kann hier ähnliche Probleme bereiten. Demgegenüber sollen aber betriebsinterne Teams, selbst wenn sie aufgrund von Umgestaltungen der Arbeitsorganisation außerhalb der bisherigen (Linien-) Organisation tätig werden, Gruppen im Sinne des § 87 Abs. 1 Nr. 13 BetrVG darstellen, für die

---

450 D/K/W/*Klebe*, BetrVG, § 87 Rn. 379; *Fitting*, BetrVG, § 87 Rn. 569; Richardi/*Richardi*, BetrVG, § 87 Rn. 979; *Preis/Elert*, NZA 2001, 371 (373).

451 Statt vieler *Fitting*, BetrVG, § 1 Rn. 107.

452 ErfK/*Koch*, BetrVG, § 1 Rn. 9.

sodann über die Grundsätze der Durchführung der Gruppenarbeit ein Mitbestimmungsrecht besteht.[453]

b. Umfang und Inhalt des Mitbestimmungsrechts

Es besteht Einigkeit, dass sich das Mitbestimmungsrecht nicht auf die Einführung und Beendigung der Gruppenarbeit erstreckt, handelt es sich dabei doch um unternehmerische Grundsatzentscheidungen, die dem Arbeitgeber obliegen und von dessen unternehmerischen Freiheit gedeckt sind.[454] Die Beteiligungsrechte nach §§ 90 und 111 ff. BetrVG bleiben indes unberührt.[455]

Umstritten ist jedoch, ob dies auch für die Zusammensetzung der Gruppe gilt. Bisweilen wird vertreten, dass alle der Einführung folgenden Maßnahmen und Entscheidungen, wozu auch die Zusammensetzung der Gruppe gezählt wird, jedenfalls die Aufstellung abstrakter Kriterien, nach denen die Gruppe gebildet wird, dem Mitbestimmungsrecht unterliegen sollen.[456] Mitunter wird befürchtet, dass es anderenfalls zu einer Ausgrenzung gerade leistungsschwächerer Arbeitnehmer kommen könne und das Mitbestimmungsrecht doch gerade auch diesem Umstand entgegenwirken solle.[457] Für diese Ansicht spricht die Gesetzesbegründung, in der es heißt, dass das Mitbestimmungsrecht greift, sobald der Arbeitgeber sich für die Einführung von Gruppenarbeit entschieden hat.[458] Allerdings ist fraglich und durch die Gesetzesbegründung ungeklärt, ob die Zusammensetzung noch zur Einführung zählen soll oder nicht.[459] Man wird wohl sagen müssen, dass ein so weitgehender Eingriff in die Befugnisse des Arbeitgebers nur schwer zu rechtfertigen sein wird. Dies hätte im Gesetzestext,

---

453 Vgl. *Eufinger/Burbach,* DB 2019, 1147 (1151) sowie *Günther/Böglmüller,* NZA 2019, 417 (422), die agile Teams grundsätzlich auch unter die Vorschrift subsumieren, aber nochmals auf eine Beurteilung im Einzelfall hinweisen.

454 BT-Drs. 14/5741, S. 47; D/K/W/*Klebe,* BetrVG, § 87 Rn. 380; *Fitting,* BetrVG, § 87 Rn. 572; GK-BetrVG/*Wiese/Gutzeit,* § 87 Rn. 1085; H/W/G/N/R/H/*Worzalla,* BetrVG, § 87 Rn. 718, 721; Richardi/*Richardi,* BetrVG, § 87 Rn. 980.

455 BT-Drs. 14/5741, S. 47.

456 D/K/W/*Klebe,* BetrVG, § 87 Rn. 384; *Fitting,* BetrVG, § 87 Rn. 575; *Spengler/Ettlinger,* AiB 2019, 10 (12).

457 *Fitting,* BetrVG, § 87 Rn. 564, 575; *Hund,* § 87 Abs. 1 Nr. 13 BetrVG, S. 155; zur Problematik der Ausgrenzung leistungsschwächerer Arbeitnehmer im Fall der Gruppenarbeit s. *Feldes,* AiB 1999, 328 (330 f.).

458 BT-Drs. 14/5741, S. 47.

459 *Hund,* § 87 Abs. 1 Nr. 13 BetrVG, S. 155.

in dem nur von der „Durchführung“ gesprochen wird, oder jedenfalls der Begründung deutlicher zum Ausdruck kommen müssen.[460]

Letztlich spricht mehr dafür, die Zusammensetzung der Gruppe nicht dem Mitbestimmungsrecht nach § 87 Abs. 1 Nr. 13 BetrVG unterzuordnen.[461] Zwar ist der Wortlaut („Durchführung“), wie bereits angedeutet, insoweit nicht eindeutig.[462] Allerdings wird in der Gesetzesbegründung klargestellt, dass unternehmerische Fragen nicht dem Tatbestand unterfallen sollen.[463] Nun steht die Zusammensetzung der Gruppe aber in direktem Zusammenhang mit der dem Arbeitgeber zufallenden Personalhoheit, mithin einem Kernbereich unternehmerischer Entscheidungsfreiheit.[464] Dieser muss demnach dem Betriebsrat gegenüber auch unangetastet bleiben. Darüber hinaus ist der Betriebsrat, was die personellen Fragen angeht, nicht völlig außen vor. Schließlich kann er sich nach den §§ 92 ff. BetrVG in der Personalplanung einbringen,[465] mithin besteht auch ein Mitbestimmungsrecht bei der Aufstellung von Auswahlrichtlinien nach § 95 BetrVG,[466] was in die Richtung der Forderung der Mindermeinung geht, jedenfalls hinsichtlich der Aufstellung abstrakter Kriterien für die Zusammensetzung der Gruppen ein Mitbestimmungsrecht anzunehmen. Ferner kann der Arbeitgeber die Arbeitnehmer nicht willkürlich einer Gruppe zuweisen. Zum einen ist er, was die Zuweisung angeht, an die Grenzen seines Weisungsrechts gebunden,[467] zum anderen besteht abhängig von den jeweiligen Umständen der damit einhergehenden Veränderungen für den Arbeitnehmer das Mitbestimmungsrecht des § 99 BetrVG.[468] Somit stehen der Betriebsrat und die betroffenen Arbeitnehmer keinesfalls schutzlos da. Die eben genannten Normen sind aber letztlich deutlich spezieller als § 87 Abs. 1 Nr. 13 BetrVG, so dass mehr dafür spricht, das Mitbestimmungsrecht nicht übermäßig auszureizen und dem Arbeitgeber in diesem Zusammenhang einen gewissen Handlungsfreiraum zu belassen.

---

460 ErfK/*Kania*, BetrVG, § 87 Rn. 134.

461 So die überwiegende Ansicht, s. etwa ErfK/*Kania*, BetrVG, § 87 Rn. 134; GK-BetrVG/*Wiese/Gutzeit*, § 87 Rn. 1091; Richardi/*Richardi*, BetrVG, § 87 Rn. 980; *Nill*, Selbstbestimmung in der Arbeitsgruppe?, S. 59; *Preis/Elert*, NZA 2001, 371 (374).

462 *Hund*, § 87 Abs. 1 Nr. 13 BetrVG, S. 154.

463 BT-Drs. 14/5741, S. 47.

464 *Ossenbühl*, AöR 1990, 1 (17 f.); *Preis/Elert*, NZA 2001, 371 (374).

465 S. *Schulze/Volk*, ArbRAktuell 2019, 404 (406).

466 *Hund*, § 87 Abs. 1 Nr. 13 BetrVG, S. 156 ff.

467 Vgl. Kapitel 2 – B.

468 D/K/W/*Klebe*, BetrVG, § 87 Rn. 385; *Hund*, § 87 Abs. 1 Nr. 13 BetrVG, S. 160 f.

Sodann stellt sich aber noch die Frage, was letztlich unter der Mitbestimmung über die „Grundsätze der Durchführung von Gruppenarbeit" zu fassen ist. Die Gesetzesbegründung gibt insoweit nur Beispiele vor wie die „Wahl eines Gruppensprechers, dessen Stellung und Aufgaben, Abhalten von Gruppengesprächen zwecks Meinungsaustauschs und -bildung in der Gruppe, Zusammenarbeit in der Gruppe und mit anderen Gruppen, Berücksichtigung von leistungsschwächeren Arbeitnehmern [und die] Konfliktlösung in der Gruppe".[469] Es handelt sich somit vornehmlich um Verfahrensfragen.[470] Im Fall agilen Arbeitens nach der Scrum-Methode ist denkbar, in einer (Rahmen-)Gesamtbetriebsvereinbarung zunächst die Werte und Prinzipien sowie Rollen eines Scrum-Teams festzuhalten.[471] Darüber hinaus können bestimmte Beschwerderechte oder Eskalationsverfahren vorgesehen werden.[472] Diese sollten fakultativ ausgestaltet sein, so dass den Entwicklungsteams die für sie und agiles Arbeiten allgemein typische Autonomie während des Entwicklungsprozesses durch die Mitbestimmung nicht wieder abhandenkommt. Denn Mitbestimmung soll zwar schützen, hier vor Selbstausbeutung und Gruppendruck,[473] aber das System, das von vielen Arbeitnehmern aufgrund der Selbständigkeit und Flexibilität geschätzt wird, auch nicht behindern. Das ergibt sich auch aus § 75 Abs. 2 S. 2 BetrVG, wonach sowohl der Arbeitgeber als auch die zuständigen Arbeitnehmervertretungen die Selbständigkeit und Eigeninitiative der Arbeitnehmer und Arbeitsgruppen[474] zu fördern haben.[475]

c. *Verhältnis des § 87 Abs. 1 Nr. 13 BetrVG zu den anderen Mitbestimmungstatbeständen des § 87 Abs. 1 BetrVG*

§ 87 Abs. 1 Nr. 13 BetrVG wird zwar im Rahmen der Ein- und Durchführung agiler Arbeitsmethoden durchaus mehr Berücksichtigung erfahren als bisher,

---

469 BT-Drs. 14/5741, S. 47.

470 *Nill*, Selbstbestimmung in der Arbeitsgruppe?, S. 59; *Natzel*, ZfA 2003, 103 (124 f.).

471 In diese Richtung *Eufinger/Burbach*, DB 2019, 1147 (1153); vgl. auch *Beedle* et al., Agiles Manifest und Agile Prinzipien sowie *Sutherland/Schwaber*, Scrum Guide, S. 6.

472 H/W/G/N/R/H/*Worzalla*, BetrVG, § 87 Rn. 724 a.E.; *Bachner*, FS-BetrVG, S. 17 (34).

473 BT-Drs. 14/5741, S. 47 f.

474 Zum Begriff der Arbeitsgruppe s. die Ausführungen zu § 28a BetrVG, Kapitel 4 – B.II.1.a.

475 S. dazu auch BT-Drs. 14/5741, S. 47; GK-BetrVG/*Wiese/Gutzeit*, § 87 Rn. 1084, die von einer Doppelfunktion der Vorschrift sprechen, nämlich einerseits dem Schutz der eingesetzten Arbeitnehmer vor Gruppendruck und Selbstausbeutung und andererseits der Förderung der Selbständigkeit.

bietet es sich doch auch an entsprechende Regelungen in eine Vereinbarung zu agilem Arbeiten jedenfalls „vorsorglich" mitaufzunehmen.[476] Letzten Endes ist die Vorschrift aber lediglich als Auffangtatbestand konzipiert und wird dies auch bleiben.[477] Denn viele Fragen, die die Gruppenarbeit betreffen, fallen bereits unter andere Tatbestände des § 87 Abs. 1 BetrVG. Zu denken ist an Fragen der Ordnung des Betriebs (Nr. 1), Arbeitszeit- oder Urlaubsregelungen (Nr. 2 bzw. 5) sowie Maßnahmen zum Gesundheitsschutz (Nr. 7).[478] Allerdings muss man auch berücksichtigen, dass die Ausübung der Mitbestimmung maßgeblich davon abhängt, inwiefern der Arbeitgeber sein Weisungsrecht diesbezüglich ausübt. Schließlich ist die Mitbestimmung letztlich das Korrektiv zu den vom Arbeitgeber getroffenen Entscheidungen.[479] Besonders deutlich wird dies am Beispiel der Arbeitszeit.[480] Denn wenn der Arbeitgeber den Arbeitnehmern gegenüber während der Entwicklungsprozesse auf die Ausübung seines Weisungsrechts verzichtet, bedarf es insoweit auch keiner besonderen Regelungen. Schließlich werden die Arbeitnehmer nicht durch Weisungen des Arbeitgebers während ihrer Tätigkeit beschränkt. Schutz erfahren sie dennoch durch die gesetzlichen Arbeitszeitvorgaben sowie möglicherweise bereits bestehende Betriebsvereinbarungen, die Fragen zu Vertrauensarbeitszeit, Home oder Mobile Office o.ä. enthalten. Im Folgenden wird noch auf die wichtigsten Tatbestände des § 87 Abs. 1 BetrVG, die für agiles Arbeiten eine Rolle spielen und § 87 Abs. 1 Nr. 13 BetrVG vorgehen, einzugehen sein.

2. *Weitere Mitbestimmungsrechte des § 87 Abs. 1 BetrVG*

Bei der Ein- und Durchführung agiler Arbeitsmethoden wird es im Bereich der sozialen Angelegenheiten – über § 87 Abs. 1 Nr. 13 BetrVG hinaus – regelmäßig zu weiterem Handlungsbedarf kommen. Von besonderer Bedeutung und daher einer genaueren Betrachtung zu unterziehen sind in diesem Zusammenhang die Angelegenheiten nach § 87 Abs. 1 Nr. 2, 3, 6, 7 und 10 BetrVG.

---

476 *Günther/Böglmüller,* NZA 2019, 417 (422).

477 H/W/G/N/R/H/*Worzalla,* BetrVG, § 87 Rn. 723; Richardi/*Richardi,* BetrVG, § 87 Rn. 976; ausführlich zu dieser Thematik, s. *Hund,* § 87 Abs. 1 Nr. 13 BetrVG, S. 105 ff; *Preis/Elert,* NZA 2001, 371 (375) sprechen gar von einem „Auffangtatbestand für Nebensächlichkeiten".

478 S. auch H/W/G/N/R/H/*Worzalla,* BetrVG, § 87 Rn. 723.

479 H/W/G/N/R/H/*Worzalla,* BetrVG, § 87 Rn. 723.

480 S. BAG v. 13.3.2001 – 1 ABR 33/00, B.II.1. d. Gründe.

a. § 87 Abs. 1 Nr. 2 und 3 BetrVG

Die recht starren Vorgaben des ArbZG, wonach die werktägliche Arbeitszeit von Arbeitnehmern acht Stunden nicht überschreiten und nur ausnahmsweise unter bestimmten Voraussetzungen zehn Stunden betragen darf (§ 3 S. 1, 2 ArbZG), verbunden mit der Einhaltung gewisser Ruhezeiten, lässt sich nicht bzw. immer seltener mit stark auf Flexibilität und ständiger Erreichbarkeit ausgerichteten Beschäftigungsformen in Einklang bringen. Vor dieser Herausforderung stehen auch Arbeitgeber, die agile Arbeitsmethoden ein- und durchführen wollen.[481] Einerseits führen diese, gerade wenn nach der Scrum-Methode verfahren wird, je nach Entwicklungsphase (Sprint) zu einer (unregelmäßigen) Zunahme der Arbeitsintensität, was sich auch in der Länge der Arbeitszeit niederschlagen und mithin mit einem, jedenfalls phasenweise, erheblichen Zeitdruck einhergehen kann. Dabei gilt es Überlastungssituationen der Arbeitnehmer zu vermeiden.[482] Andererseits zeichnen sich agile Arbeitsmethoden dadurch aus, dass den Arbeitnehmern, gerade im Hinblick auf ihre Arbeitszeit, ein höheres Maß an Eigenverantwortlichkeit und Freiheit zugestanden werden soll.[483] Bestehende (betriebliche) Arbeitszeitmodelle werden folglich auf den Prüfstand gestellt und bedürfen entsprechender Veränderungen.[484] Die Betriebsparteien sind gefragt, die kollektivrechtlichen Gestaltungsmöglichkeiten möglichst auszuschöpfen – was jedoch durch die zwingende Berücksichtigung der gesetzlichen Vorschriften des ArbZG erschwert wird, da diese keine adäquaten Lösungen bieten, was die Umsetzung und Berücksichtigung der eben genannten Belange anbelangt.[485]

Seltener wird § 87 Abs. 1 Nr. 3 BetrVG in Betracht kommen. Dennoch ist das Bestehen eines Mitbestimmungsrechts nach dieser Vorschrift denkbar, da es häufig um die Verlängerung der Arbeitszeit in Form von Überstunden gehen wird.[486] § 87 Abs. 1 Nr. 3 BetrVG kommt grundsätzlich immer dann zur Anwendung, wenn für einen überschaubaren Zeitraum vom ansonsten maßgeblichen Arbeitszeitvolumen abgewichen wird, um anschließend wieder zur

---

481 S. *Redmann*, Agiles Arbeiten im Unternehmen, S. 75 ff.

482 *Bachner*, FS-BetrVG, S. 17 (25 f.); *Günther/Böglmüller*, NZA 2019, 273 (278); *Schreiner*, AuA 2019, 264 (268); *Schulze/Volk*, ArbRAktuell 2019, 553 (554).

483 *Reinhard*, FS-BetrVG, S. 613 (616); *Günther/Böglmüller*, NZA 2019, 417 (421); *Schreiner*, AuA 2019, 264 (268).

484 *Reinhard*, FS-BetrVG, S. 613 (616); *Günther/Böglmüller*, NZA 2019, 417 (421); *Hoffmann-Remy*, DB 2018, 2757 (2758).

485 *Günther/Böglmüller*, NZA 2019, 417 (421); *dies.*, NZA 2019, 273 (278); *Schreiner*, AuA 2019, 264 (268).

486 *Schulze/Volk*, ArbRAktuell 2019, 553 (554).

betriebsüblichen Dauer der Arbeitszeit zurückzukehren.[487] Der Betriebsrat hat darüber mitzubestimmen, ob, in welchem Umfang und durch welche Arbeitnehmer Überstunden vorübergehend geleistet werden sollen.[488] Das Mitbestimmungsrecht greift auch, wenn der Arbeitnehmer die Überstunden freiwillig leistet und der Arbeitgeber diese nicht einseitig anordnet, sondern vielmehr „duldet",[489] was im Rahmen agiler Arbeit aufgrund der dem Arbeitnehmer zugebilligten Autonomie durchaus denkbar ist. Allerdings muss im Rahmen dieses Tatbestands berücksichtigt werden, dass die Abweichung von der betriebsüblichen Arbeitszeit nur die Ausnahme („vorübergehend") darstellen darf. Entscheidend ist, dass die Abweichung nicht von Dauer ist, sondern nur für einen überschaubaren Zeitraum gilt.[490] Das kann aber im Fall agilen Arbeitens zum Problem werden, denn die Ausnahme wird hier mitunter zur Regel, wenn Arbeitnehmer dauerhaft in den agilen Organisationen mit den oben genannten Besonderheiten eingesetzt werden. Überstunden sind dann unter Umständen keine Seltenheit und nicht auf eine bestimmte Zeit beschränkt. Es ist fraglich, ob diese Konstellation dann noch vom Zweck der Vorschrift, nämlich Belastungen und Vorteile gleichmäßig auf die Arbeitnehmer des Betriebs zu verteilen,[491] erfasst ist. Denn bisweilen können auch nur einige wenige Arbeitnehmer von den neuen Arbeitsweisen betroffen und ein entsprechender Ausgleich damit gar nicht wirklich möglich sein.

Der Fokus wird deshalb eher auf der Schaffung neuer oder der Veränderung bestehender Arbeitszeitmodelle liegen, bei denen der Betriebsrat aufgrund § 87 Abs. 1 Nr. 2 BetrVG mitzubestimmen hat. Die Vereinbarungen sollen helfen die Ziele agilen Arbeitens, wie eine hohe Flexibilität und Reaktionsgeschwindigkeit in Bezug auf Veränderungen am Markt oder Kundenwünsche, zu realisieren. Zugleich soll Arbeitnehmern aber auch möglichst viel Spielraum bei der Bestimmung ihrer Arbeitszeit sowie Gestaltung und Berücksichtigung ihrer privaten Bedürfnisse eingeräumt werden.[492] Zu nennen sind hier Gleitzeitvereinbarungen sowie insbesondere die Einführung von Vertrauensarbeitszeit.[493] Bei diesem Arbeitszeitmodell als besonderem Anwendungsfall der Gleitzeit, bei dem der

487 BAG v. 24.4.2007 – 1 ABR 47/06, Rn. 17 m.w.N.

488 BAG v. 24.4.2007 – 1 ABR 47/06, Rn. 15.

489 BAG v. 24.4.2007 – 1 ABR 47/06, Rn. 18.

490 BAG v. 24.4.2007 – 1 ABR 47/06, Rn. 17; Fitting, BetrVG, § 87 Rn. 133 m.w.N.

491 Richardi/*Richardi*, BetrVG, § 87 Rn. 345.

492 *Redmann*, Agiles Arbeiten im Unternehmen, S. 71 ff.

493 *Bachner*, FS-BetrVG, S. 17 (S. 25); *Redmann*, Agiles Arbeiten im Unternehmen, S. 80 f.; *Reinhard*, FS-BetrVG, S. 613 (616).

Betriebsrat über Einführung und Ausgestaltung mitzubestimmen hat,[494] wird von der Erfassung und Kontrolle der Arbeitszeit abgesehen.[495] Nach dem Gedanken der Vertrauensarbeitszeit soll sich der Arbeitnehmer seine Arbeitszeit gänzlich frei einteilen und diese dadurch effizienter nutzen können. Dieses Modell gewährt dem Arbeitnehmer sicherlich den meisten Freiraum, der im Rahmen agilen Arbeitens so sehr geschätzt wird. Allerdings darf man nicht übersehen, dass hier Arbeitszeitregelungen oft missachtet werden – ohne entsprechende Ahndung, was letztlich zu der angesprochenen Überlastung der Arbeitnehmer sowie einem Missbrauch durch den Arbeitgeber führen kann.[496] Zudem kann der Informationsanspruch des Betriebsrats nach § 80 Abs. 1 Nr. 1, Abs. 2 BetrVG dieses System ins Wanken bringen, denn dieser ist über die Arbeitszeit der Arbeitnehmer zu informieren, um die Einhaltung der Vorschriften des ArbZG ggf. kontrollieren zu können.[497] Dies gilt auch, wenn der Arbeitgeber mit Rücksicht auf eine im Betrieb geltende „Vertrauensarbeitszeit" die tatsächlichen Arbeitszeiten der Beschäftigten bewusst nicht zur Kenntnis nehmen will.[498] Daraus folgt, dass Vertrauensarbeitszeit nur in eingeschränktem Maße möglich ist. Zwar ist denkbar, dass den Arbeitnehmern keine entsprechenden Vorgaben gemacht werden, wann sie arbeiten. Eine Dokumentation ist jedoch erforderlich.[499] Damit könnten die Arbeitnehmer in den agilen Organisationen sich aber zumindest ihre Zeit an sich autonom einteilen.

Alternativ oder zusätzlich zur Vereinbarung von Vertrauensarbeitszeit ist über die Einführung von Arbeitszeitkonten, etwa verbunden mit einem sog. „Ampelsystem",[500] nachzudenken.[501] Ein Arbeitszeitkonto hält fest, in welchem zeitlichen Umfang ein Arbeitnehmer seiner Hauptleistungspflicht, der Erbringung seiner Arbeitsleistung, nachgekommen ist – sofern er von dieser nicht aufgrund spezieller Vorschriften befreit war (z.B. nach § 616 S. 1 BGB oder § 3

---

494 Richardi/*Richardi*, BetrVG, § 87 Rn. 298; Fitting, *BetrVG*, § 87 Rn. 116; D/K/W/*K*lebe, *BetrVG*, § 87 Rn. 100.

495 Richardi/*Richardi*, BetrVG, § 87 Rn. 298.

496 D/K/W/*Klebe*, BetrVG, § 87 Rn. 100; *Bachner*, FS-BetrVG, S. 17 (25); *Compensis*, NJW 2007, 3089 (3093).

497 Richardi/*Richardi*, BetrVG, § 80 Rn. 8.

498 BAG v. 6.5.2003 – 1 ABR 13/02.

499 *Bayreuther*, NZA 2020, 1 (4 f.).

500 S. dazu *Maiß/Zander*, ArbRAktuell 2020, 51.

501 Die Vereinbarung von Vertrauensarbeitszeit steht weder der Führung eines Arbeitszeitkontos entgegen noch schließt sie die Abgeltung eines aus Mehrarbeit des Arbeitnehmers resultierenden Zeitguthabens aus, BAG v. 23.9.2015 – 5 AZR 767/13, Rn. 31.

Abs. 1 EFZG).[502] Ein Arbeitszeitkonto kann mit einem „Ampelsystem“ verknüpft werden, das an sich kein Arbeitszeitsystem darstellt, sondern lediglich ein Verwaltungsinstrument.[503] Es gibt sodann verschiedene Phasen, anhand derer abgesehen werden kann, inwieweit ein Arbeitnehmer unter, in oder über seiner vertraglich vereinbarten bzw. gesetzlich zulässigen Arbeitszeit tätig ist. Dementsprechend können verschiedene Maßnahmen ergriffen werden. In der „grünen“ Phase beispielsweise, wenn der Arbeitnehmer noch unter seinem „Soll“ ist, kann er weiterhin selbstbestimmt arbeiten, wohingegen in der „roten“ Phase, wenn zu viele Stunden bereits geleistet wurden, Abbaumaßnahmen erforderlich werden.[504] Man müsste allerdings Detailregelungen finden, die es ermöglichen, dass ein Arbeitnehmer, der während der Projektlaufzeit in den „roten Bereich“ rutscht, nicht noch währenddessen mit einem etwaigen Abbau unverzüglich beginnen müsste, da anderenfalls seine Freiheit, sich die Arbeitszeit autonom einzuteilen, dermaßen eingeschränkt würde, dass agiles Arbeiten dem Grundgedanken nach wiederum konterkariert würde. Die Arbeitszeitkonten mit Ampelsystem bieten alles in allem aber viel Flexibilisierungspotential und können einen bedarfsorientierteren Einsatz von Arbeitnehmern erleichtern.[505] Zu beachten ist aber, dass ein solches System in der Regel elektronisch geführt wird und deshalb das Mitbestimmungsrecht des Betriebsrats nach § 87 Abs. 1 Nr. 6 BetrVG ausgelöst werden kann.[506] Sollte mit der Einführung agiler Arbeitsmethoden ein schon im Rahmen der personellen Einzelmaßnahmen angesprochenes Personalmanagement-Tool eingeführt werden, kann dies eventuell damit verbunden werden.

Letztlich bleibt auch die Frage, um die es hier aber nicht vertiefend gehen soll, ob eine Reform des ArbZG nicht längst überfällig ist in Anbetracht der vielen neuen Beschäftigungsformen wie agilem Arbeiten, das deutlich mehr Flexibilität erfordert als das Gesetz zulässt– etwa in Bezug auf Höchstarbeitszeiten. Häufig wird in Anlehnung an Art. 6 lit. b der Richtlinie 2003/88/EG dafür plädiert, dass die durchschnittliche wöchentliche Höchstarbeitszeit pro Siebentageszeitraum auf 48 Stunden festgelegt oder die Ruhezeiten variabler gestaltet werden.[507] Dies

502 BAG v. 21.3.2012 – 5 AZR 676/11, II.1. d. Gründe.
503 *Maiß/Zander*, ArbRAktuell 2020, 51 (52).
504 *Maiß/Zander*, ArbRAktuell 2020, 51 (53 f.).
505 *Maiß/Zander*, ArbRAktuell 2020, 51 (53).
506 *Maiß/Zander*, ArbRAktuell 2020, 51 (52).
507 S. nur *Günther/Böglmüller*, NZA 2015, 1025 (1028); *Krause*, NZA-Beilage 2017, 53 (57); BDA, Positionspapier zur Digitalisierung von Wirtschaft und Arbeitswelt, S. 3 ff.

könnte, wenn auch nicht in jeder Fallgestaltung, schon weiterhelfen, die Arbeitszeitmodelle flexibler zu gestalten.

b. § 87 Abs. 1 Nr. 6 BetrVG

§ 87 Abs. 1 Nr. 6 BetrVG wird in unterschiedlichen Konstellationen im Rahmen der agilen Transformation relevant. Denkbar ist die schon angesprochene Einführung von Personalmanagement-Tools, aber auch die Nutzung von Datenbanken und Ablagesystemen oder Systemen zur Kommunikation innerhalb der Entwicklungsteams – die Ausgestaltungen und Möglichkeiten sind vielfältig.[508] Das zuständige Gremium, häufig wird der Gesamtbetriebsrat hier ins Spiel kommen,[509] hat bei der Einführung und Anwendung technischer Einrichtungen, die dazu bestimmt sind, das Verhalten oder die Leistung der Arbeitnehmer zu überwachen, mitzubestimmen. Dafür reicht aus, dass die technische Einrichtung zur Überwachung objektiv geeignet ist.[510] Die Herausforderung wird darin liegen, anhand der einzelnen Programme zu ermitteln, ob und wenn ja, in welchem Umfang personenbezogene Daten betroffen sind und inwieweit den davon ausgehenden Gefahren aus Gründen des Schutzes des allgemeinen Persönlichkeitsrechts der Arbeitnehmer entgegengewirkt werden kann und muss.[511]

c. § 87 Abs. 1 Nr. 7 BetrVG

Darüber hinaus rücken Fragen des Gesundheitsschutzes, die nach § 87 Abs. 1 Nr. 7 BetrVG der Mitbestimmung unterliegen können, in den Fokus. Unter den Begriff des Gesundheitsschutzes im Sinne dieser Vorschrift, der mit dem in § 1 Abs. 1 ArbSchG übereinstimmt,[512] fallen Maßnahmen, die dazu dienen, Gefahren für die Gesundheit, d.h. die physische und psychische Integrität, der Arbeitnehmer, die arbeitsbedingten Beeinträchtigungen ausgesetzt sind, die zu medizinisch feststellbaren Verletzungen oder Erkrankungen führen können, zu vermeiden.[513] Auch vorbeugende Maßnahmen werden erfasst.[514] § 87 Abs. 1

---

508 *Bachner,* FS-BetrVG, S. 17 (26 ff.); *Reinhard,* FS-BetrVG, S. 613 (617); *Günther/Böglmüller,* NZA 2019, 417 (421); *Hoffmann-Remy,* DB 2018, 2757 (2758 f.); *Schulze/Volk,* ArbRAktuell 2019, 553 (554).

509 S. Kapitel 4 – B.I.

510 BAG v. 9.9.1975 – 1 ABR 20/74.

511 *Fitting,* BetrVG, § 87 Rn. 214.

512 BAG v. 8.6.2004 – 1 ABR 13/03, I.2.b.bb. (1) d. Gründe.

513 *Fitting,* BetrVG, § 87 Rn. 262; ausführlich zum Begriff des Gesundheitsschutzes s. *Wlotzke,* FS Wissmann, S. 426 (428 ff.).

514 *Fitting,* BetrVG, § 87 Rn. 262.

Nr. 7 BetrVG zielt dabei nur auf solche Maßnahmen ab, die der Arbeitgeber aufgrund ihm durch gesetzliche Arbeits- und Gesundheitsschutzvorschriften sowie Unfallverhütungsvorschriften obliegender Handlungspflichten ergreift, wobei erforderlich ist, dass ihm hinsichtlich der konkreten Art und Weise der Umsetzung ein gewisser Handlungsspielraum verbleibt.[515] Das Mitbestimmungsrecht bezieht sich sodann auf die Ausfüllung eben dieses Handlungsspielraums, wodurch eine möglichst effiziente Umsetzung des gesetzlichen Arbeitsschutzes im Betrieb erreicht werden soll.[516]

Solche Rahmenvorschriften stellen unter anderem die §§ 3 ff. ArbSchG dar.[517] Nach § 3 Abs. 1 ArbSchG ist der Arbeitgeber verpflichtet, die erforderlichen Maßnahmen unter Berücksichtigung aller Umstände zu treffen, die Sicherheit und Gesundheit der Arbeitnehmer bei der Arbeit beeinflussen. Dies kann er jedoch erst, wenn die möglichen Gefährdungen feststehen, die ggf. zuvor auf Grundlage von § 5 ArbSchG im Rahmen einer Gefährdungsbeurteilung zu ermitteln sind. In § 5 Abs. 3 Nr. 1 – 6 ArbSchG ist niedergelegt, wodurch sich Gefährdungen insbesondere ergeben können. Im Zuge der Digitalisierung allgemein und im Bereich agilen Arbeitens im Besonderen rücken die in § 5 Abs. 3 Nr. 6 ArbSchG ausdrücklich aufgeführten psychischen Belastungen in den Vordergrund, die durch die Entgrenzung der Arbeit in Bezug auf Raum und Zeit begünstigt werden, nimmt die Arbeitsintensität und -belastung dadurch doch immer weiter zu.[518] Typische in diesem Zusammenhang auftretende Stressfaktoren sind, aufgrund bzw. neben der ständigen Erreichbarkeit, Zeitdruck und Überstunden sowie gerade in Bezug auf agiles Arbeiten nach der Scrum-Methode, die unter Umständen in den Entwicklungsteams auftretende Gefahr der Selbstausbeutung und des Gruppendrucks.[519] Daneben dürfen die positiven Effekte agilen Arbeitens jedoch nicht vernachlässigt werden. Denn agiles Arbeiten kann die Zufriedenheit der Arbeitnehmer durchaus auch steigern und sich damit wiederum positiv auf deren Gesundheit auswirken. Zu nennen ist insbesondere das hohe Maß an Selbstorganisation und Selbstbestimmung,

---

515 BAG v. 11.12.2012 – 1 ABR 81/11, Rn. 17; BAG v. 15.1.2002 – 1 ABR 13/01, B.II.2.b. d. Gründe.

516 BAG v. 15.1.2002 – 1 ABR 13/01, B.II.2.b. d. Gründe; D/K/W/*Klebe*, BetrVG, § 87 Rn. 215; *Fitting*, BetrVG, § 87 Rn. 257; GK-BetrVG/*Gutzeit*, § 87 Rn. 610.

517 *Fitting*, BetrVG, § 87 Rn. 298 f.

518 Ausführlich zum Arbeitsschutz in Zeiten der Digitalisierung *Kohte*, NZA 2015, 1417 sowie in Bezug auf die Mitbestimmung *Bauer/Günther/Böglmüller*, NZA 2016, 1361.

519 *Bachner*, FS-BetrVG, S. 17 (29 f.).

das den Arbeitnehmern ermöglicht, ihre Work-Life-Balance aufgrund flexibler Arbeitszeiten und -bedingungen entsprechend ihren individuellen Bedürfnissen auszurichten.

Diese Aspekte sollten im Rahmen einer oben bereits genannten Gefährdungsbeurteilung nach § 5 ArbSchG entsprechend in die Bewertung eingestellt und gewichtet werden. Dabei sind betriebliche und wissenschaftliche Aspekte heranzuziehen, wobei diese während des Prozesses stets zu aktualisieren und entsprechend zu berücksichtigen sind. Darüber hinaus sollte versucht werden, da die Be- und Entlastungen stets auch eine Frage der individuellen Konstitution eines jeden Arbeitnehmers sind, eine gewisse Sensibilität für individuelle Auslastungen herzustellen. Der Scrum Master kann hier ggf. für ein allgemeines Verständnis in den Entwicklungsteams sorgen und so die Gefahr des Gruppendrucks bzw. der Übersteigerung oder Selbstausbeutung senken.

Im Übrigen wird die Einführung agiler Arbeitsmethoden häufig zu einer Neugestaltung oder Veränderung von Raumkonzepten führen, in Bezug auf die der Betriebsrat ebenfalls häufig unter dem Gesichtspunkt des Arbeits- und Gesundheitsschutzes zu beteiligen sein wird. Die Gestaltungsmöglichkeiten sind vielfältig und tauchen des Öfteren unter Schlagworten wie Open-Space oder Desk-Sharing-Konzepten auf. Auch die Installierung von Kommunikations- und Konzentrationsräumen kommt in Betracht.[520]

d. § 87 Abs. 1 Nr. 10 und 11 BetrVG

Sofern der Tarifvorbehalt (§ 87 Abs. 1 BetrVG) nicht greift und betriebliche Vergütungsmodelle bestehen, bedürfen auch diese im Rahmen der agilen Transformation häufig einer Anpassung. Das hängt damit zusammen, dass mit der Einführung agiler Arbeitsmethoden die Veränderung von Aufgaben, Zuständigkeiten und Verantwortlichkeiten einhergeht und die bisherigen Modelle die Besonderheiten, wie häufige Rollenwechsel und die damit verbundene Einordnung in unterschiedliche Vergütungsgruppen, oft nicht hinreichend widerspiegeln.[521] Bei der Anpassung, bei der der Betriebsrat nach § 87 Abs. 1 Nr. 10 BetrVG zu beteiligen ist, sind unter anderem folgende Aspekte zu berücksichtigen: a

520 *Bachner,* FS-BetrVG, S. 17 (31 ff.); *Reinhard,* FS-BetrVG, S. 613 (618); *Günther/Böglmüller,* NZA 2019, 417 (421); *Hoffmann-Remy,* DB 2018, 2757 (2759); *Schulze/Volk,* ArbRAktuell 2019, 553 (554). Allgemein zur Umsetzung neuer Raumkonzepte und ihren arbeitsrechtlichen Besonderheiten, s. *Schöllmann,* NZA-Beilage 2019, 81; *Stück,* ArbRAktuell 2018, 409.

521 *Reinhard,* FS-BetrVG, S. 613 (618); *Günther/Böglmüller,* NZA 2019, 417 (421); *Hoffmann-Remy,* DB 2018, 2757 (2759); *Schulze/Volk,* ArbRAktuell 2019, 553 (554).

Da Rollen, wie im Fall der Scrum-Methode der Product Owner oder Scrum Master, häufig nicht in den bisherigen Modellen abgebildet werden, bedarf es neuer Stellen- bzw. Tätigkeitsbeschreibungen sowie einer entsprechenden Bewertung und Einordnung in die bestehenden Systeme.[522] Dabei ist insbesondere zu beachten, dass nicht mehr von einer kontinuierlichen Ausübung der entsprechenden Tätigkeit ausgegangen werden kann als für agiles Arbeiten typisch ist, dass die eingesetzten Arbeitnehmer immer wieder in unterschiedlichen Konstellationen zusammenarbeiten und unter Umständen auch wechselnde Aufgaben und Rollen einnehmen.[523]

Darüber hinaus rücken leistungsorientierte Vergütungssysteme in den Vordergrund.[524] Durch die den Arbeitnehmern eingeräumte Autonomie ist eine Kontrolle der Arbeitsleistung schwieriger.[525] Auch steht der einzelne Arbeitnehmer weniger im Blickpunkt als vielmehr seine Gruppe bzw. das Entwicklungsteam, so dass insbesondere der Abschluss teamorientierter Zielvereinbarungen in Betracht kommt.[526] Hier kann das Mitbestimmungsrecht des Betriebsrats sowohl nach § 87 Abs. 1 Nr. 10 BetrVG bestehen, wenn es um abstrakt-generelle Grundsätze wie das Zustandekommen einer Zielvereinbarung, deren Inhalte, Gewichtung oder Bemessung geht, aber auch nach § 87 Abs. 1 Nr. 11 BetrVG, wenn es sich dabei um ein „vergleichbares" leistungsbezogenes Entgelt handeln soll.[527] Gruppenbezogene Leistungsentgelte führen aber zu einer Reihe von Fragen, etwa was die Bewertung der Zielerreichung in Fällen betrifft, in denen einzelne Arbeitnehmer erkranken.[528]

---

522 *Reinhard,* FS-BetrVG, S. 613 (618); *Hoffmann-Remy,* DB 2018, 2757 (2759); *Schulze/Volk,* ArbRAktuell 2019, 553 (554); Ver.di, Praxis gestalten – Agiles Arbeiten, S. 89.

523 *Günther/Böglmüller,* NZA 2019, 417 (421); Ver.di, Praxis gestalten – Agiles Arbeiten, S. 89.

524 *Bachner,* FS-BetrVG, S. 17 (33); *Reinhard,* FS-BetrVG, S. 613 (618 f.); *Günther/Böglmüller,* NZA 2019, 417 (421); *Schulze/Volk,* ArbRAktuell 2019, 553 (554).

525 S. Kapitel 2 – A.III.

526 *Bachner,* FS-BetrVG, S. 17 (33); *Hoffmann-Remy,* DB 2018, 2757 (2759) spricht in diesem Zusammenhang auch von abteilungsbezogenen Zulagen o.ä.

527 *Bachner,* FS-BetrVG, S. 17 (33).

528 *Schulze/Volk,* ArbRAktuell 2019, 553 (554) mit einem weiterführenden Hinweis zu den Folgeproblemen auf *Annuß,* NZA 2007, 290 (292).

D. Ergebnis des vierten Kapitels

Im Bereich der betrieblichen Mitbestimmung stellen sich zahlreiche Fragen im Rahmen der Ein- und Durchführung agiler Arbeitsmethoden. Auf Basis des tradierten Betriebsbegriffs, der keines „Updates" bedarf, entstehen keine neuen Organisationseinheiten. Auch eine Anpassung der Organisation über § 3 BetrVG kommt nicht in Betracht. Die Arbeitnehmer, die trotz des „Minus" an Weisungsgebundenheit, weiterhin als solche einzuordnen sind, sind auf Basis der Zwei-Komponenten-Lehre nach wie vor ihrem bisherigen Betrieb zuzuordnen. Auch im Fall der unternehmensübergreifenden Zusammenarbeit sind – entsprechend der Arbeitnehmerüberlassung – aus Schutzgründen keine differenzierenden Lösungen geboten. Die Zuständigkeit der jeweiligen Interessenvertretung im Betrieb bzw. Unternehmen bestimmt sich nach den gesetzlichen Regeln. Eine Delegation gem. § 28a BetrVG auf die Entwicklungsteams, die Arbeitsgruppen im Sinne der Vorschrift darstellen, erweist sich – auch wenn diese ggf. sachnäher wäre – als unpraktikabel. Insbesondere in größeren Einheiten kann diese Form der Vertretung zu einer „Zersplitterung" der betrieblichen Interessenvertretung und zu einer ineffektiven Mitbestimmung führen. Mitwirkungs- und Mitbestimmungsrechte kommen in wirtschaftlichen, personellen und sozialen Angelegenheiten je nach Einzelfall in Betracht. Erwähnung findet insbesondere § 87 Abs. 1 Nr. 13 BetrVG, der spezifisch auf Gruppenarbeit, wie sie hier praktiziert wird, zugeschnitten ist. Am Ende rückt dieser Tatbestand aber gegenüber den übrigen Tatbeständen des § 87 Abs. 1 BetrVG in den Hintergrund. Eine frühzeitige Beteiligung der zuständigen Interessenvertretung ist – unabhängig ob dies aufgrund etwaiger Unterrichtungspflichten von Gesetzes wegen vorgesehen ist – in jedem Fall zu empfehlen, kann die Umsetzung agilen Arbeitens anderenfalls erheblich verlangsamt oder behindert werden.

5 Kapitel: Zusammenfassung in Thesen

Die Scrum-Methode und ihre praktische Umsetzung

1. Agile Arbeitsmethoden basieren auf Werten und Prinzipien des im Jahre 2001 für die Softwarebranche entwickelten agilen Manifests und sollen es Unternehmen, vor allem im Produkt- und Projektmanagement, ermöglichen, durch eine iterative, d.h. schrittweisee, Vorgehensweise schnell und flexibel auf Veränderungen reagieren zu können.
2. Die derzeit meist genutzte agile Arbeitsmethode ist die Scrum-Methode. Es handelt sich um ein Rahmenwerk, das sich aufgrund klarer Strukturen, die sehr allgemein beschrieben sind, auf Bereiche außerhalb der Softwareentwicklung am besten übertragen lässt. Die Anwendungsmöglichkeiten sind vielfältig und mithin unternehmensübergreifend, aber auch unternehmensintern denkbar.
3. Die unternehmensübergreifende Zusammenarbeit stellt indes an sich keine Neuheit dar. Lediglich die Herangehensweise an Projekte ändert sich durch die Anwendung der Scrum-Methode, was v.a. in der Vertragsgestaltung zu Herausforderungen führt.
4. Mit der unternehmensinternen Umsetzung sind Veränderungen in der Organisationsstruktur verbunden. Linienorganisationen weichen Netzwerkorganisationen. Auch der Abbau von Hierarchieebenen geht damit einher. Dadurch verändern sich Weisungs- und Berichtswege.

Auswirkungen der Ein- und Durchführung der Scrum-Methode auf das arbeitsrechtliche Weisungsrecht

5. Auf die Ausübung jedenfalls des fachlichen Weisungsrechts wird während des Einsatzes der Arbeitnehmer in den Entwicklungsteams „verzichtet“. Der Verzicht ist als (temporäre) Nichtausübung des Weisungsrechts einzuordnen, so dass der Arbeitgeber letztlich immer noch eingreifen kann, sofern dies notwendig sein sollte (beispielsweise aus Haftungsgründen). Keinesfalls ist eine Abbedingung des Weisungsrechts gewollt. Auch eine Übertragung auf das Entwicklungsteam kommt nicht in Betracht.
6. Die disziplinarische Kontrolle schwindet durch das „Minus“ an Weisungsgebundenheit. Die Gruppenleistung rückt in den Fokus. Damit gewinnen

alternative Kontrollmöglichkeiten, etwa die Arbeit mit (Team-)Zielvereinbarungen, an Bedeutung.

7. Was die einseitige Zuweisung eines Arbeitnehmers in das Scrum-Team anbelangt, muss zwischen Arbeitnehmern ohne und mit Führungsverantwortung, die sich v.a. in Form von Personalverantwortung zeigt, unterschieden werden. Entscheidend ist in beiden Fällen die Gleichwertigkeit der Tätigkeit vor und nach der agilen Transformation. Sofern Führungsverantwortung entzogen wird, was häufig durch den Einsatz als Scrum Master der Fall sein wird, da dieser nicht mehr „führend", sondern nur noch „beratend" tätig wird, wird man regelmäßig von einer geringerwertigen Tätigkeit ausgehen müssen. In der Folge bleibt oft nur die Änderungskündigung, die aber in der Praxis der sozialen Rechtfertigung im Rahmen des KSchG standhalten muss.

Abgrenzung zur verdeckten (verdeckten) Arbeitnehmerüberlassung sowie Scheinselbständigkeit

8. Die unternehmensübergreifende Zusammenarbeit erfordert eine sorgfältige Vertragsgestaltung. Hinsichtlich der Zusammenarbeit der Unternehmen kommt eine gesellschaftsrechtliche Gestaltung selten in Betracht. Die Entstehung einer Gesellschaft bürgerlichen Rechts wird in der Regel schon an der gemeinsamen Zweckverfolgung scheitern. Zudem bedürfte es in diesem Fall weitreichender Abweichungen von den gesetzlichen Vorgaben, um den Interessen der Beteiligten gerecht zu werden, was mit einem entsprechend hohen Gestaltungsbedarf einhergeht.
9. Es eignen sich vielmehr werk- und dienstvertragliche Ausgestaltungen. Die agile Zusammenarbeit nach der Scrum-Methode lässt sich aber nur schwerlich unter einen Vertragstypus subsumieren. Im Zweifel ist auf die Ausgestaltung als Werkvertrag hinzuwirken. In der Praxis werden Rahmenverträge favorisiert, die Besonderheiten beider Vertragstypen berücksichtigen.
10. Auch wenn in den Entwicklungsteams Arbeitnehmer unterschiedlicher Unternehmen eingesetzt werden, kommen Arbeitnehmerüberlassungsverträge aufgrund der im Rahmen der AÜG-Reform 2017 eingeführten Verschärfungen selten in Frage. Das AÜG enthält keine Bereichsausnahme für die, vor allem in der Beratungs- und IT-Branche vorkommende Projektarbeit, die häufig mit agilen Arbeitsmethoden realisiert wird. Die in § 1 Abs. 3 AÜG niedergelegten Bereichsausnahmen werden ebenso wenig wie die in § 1 Abs. 1a AÜG niedergelegte Privilegierung von Arbeitsgemeinschaften in Betracht kommen.

11. Es besteht jedoch aufgrund der engen Zusammenarbeit in den Entwicklungsteams die Gefahr der verdeckten Arbeitnehmerüberlassung. Dreh- und Angelpunkt ist die Weisungsgebundenheit der Arbeitnehmer. Diese sollen nach der Scrum-Methode grundsätzlich weisungsfrei tätig werden. Das ist möglich, wenn lediglich werkvertragliche, d.h. sach- und ergebnisbezogene, Weisungen ausgesprochen werden. Anderenfalls, v.a. im Fall doppelfunktionaler Weisungen, die zwar sach- und ergebnisbezogen sind, zugleich aber auch Vorgaben zu Inhalt, Ort und Zeit implizieren, ist die Gefahr der verdeckten Arbeitnehmerüberlassung hoch; v.a., wenn der im Lager des Auftraggebers stehende Product Owner den Arbeitnehmern des Auftragnehmers Vorgaben macht. Einzelne „Exzesse" reichen jedoch noch nicht in jedem Fall aus. Die Betroffenen sind für diese Thematik entsprechend zu sensibilisieren und qualifizieren.
12. Ebenso besteht die Gefahr der Scheinselbständigkeit, wenn freie Mitarbeiter in die Entwicklungsteams integriert werden. Die Voraussetzungen sind letztlich identisch.
13. Es gibt einige Maßnahmen, das Risiko der verdeckten Arbeitnehmerüberlassung sowie das der Scheinselbständigkeit zu minimieren. Dazu zählen neben dem Einsatz von Scrum-Teams, die lediglich aus Arbeitnehmern eines Unternehmens oder freien Mitarbeitern bestehen, die Ausgestaltung von Regelungen der Kommunikation sowie, sofern möglich und erfolgsversprechend, eine räumliche Trennung und das vorwiegende Tätigwerden in der eigenen Organisation. Denn dadurch fehlt es, selbst wenn es einmal zum Ausspruch von Weisungen kommen sollte, regelmäßig an dem Kriterium der Eingliederung, das für beide Gestaltungen als Voraussetzung gilt.

Betriebsverfassungsrechtliche Fragen bei der Ein- und Durchführung der Scrum-Methode

14. Der betriebsverfassungsrechtliche Betriebsbegriff verliert an Kontur. Nichtsdestotrotz ist der tradierte Begriff nach wie vor flexibel genug, um auch neue Arbeitsformen zu erfassen. Es trägt mithin zur Rechtssicherheit bei, diesen Begriff unangetastet zu lassen.
15. Durch die Implementierung der Scrum-Methode entstehen keine neuen organisatorischen Einheiten im Sinne des BetrVG. Die Scrum-Teams stellen weder eigenständige Betriebe noch Betriebsteile oder gar gemeinsame Betriebe dar. Es fehlt hierfür jeweils an der dafür erforderlichen institutionellen Leitung in den wesentlichen Bereichen der Mitbestimmung. Es

fallen keinerlei Entscheidungen in personellen Angelegenheiten in den Scrum-Teams.

16. Alternative Organisationsstrukturen nach § 3 BetrVG stellen zwar geringere Anforderungen an die erforderliche Entscheidungskraft der Teams, werden aber aufgrund der praktischen Umsetzungsmöglichkeiten, nämlich vorrangig durch Tarifvertrag, nicht die nötige Flexibilität mit sich bringen und scheiden daher letztlich aus.
17. Die Zuordnung der Arbeitnehmer zu einer betrieblichen Organisation ist von essentieller Bedeutung für die Wahrnehmung der Mitbestimmungsrechte. Arbeitnehmer, die in agilen Teams eingesetzt werden, stellen solche im Sinne des § 5 Abs. 1 BetrVG dar. Durch den Mangel an Weisungsgebundenheit verlieren sie per se noch nicht ihren Status als solche.
18. Der Scrum Master ist nicht als leitender Angestellter im Sinne des § 5 Abs. 3 BetrVG zu qualifizieren. Es fehlt an der für leitende Angestellte typischen Wahrnehmung unternehmerischer Entscheidungen. Agiles Arbeiten führt zu einem Rollenwechsel im Bereich der Führungskräfte. Deren Verantwortung geht mehr und mehr zurück, schließlich sollen sie nicht mehr „führen", sondern lediglich unterstützend und moderierend tätig werden. Darüber hinaus waren die nunmehr als Scrum Master tätig werdenden Arbeitnehmer auch zuvor nicht zwingend als leitende Angestellte zu qualifizieren.
19. Wesentliches Merkmal der Betriebszugehörigkeit ist die Eingliederung. Die Eingliederung ist nicht lediglich an den tatsächlichen Gegebenheiten, sondern vor allem an dem Kriterium der Weisungsgebundenheit festzumachen. Dieses stellt nach wie vor das verlässlichste Kriterium dar. Schließlich knüpfen die Mitbestimmungsrechte zumeist an die aufgrund des Weisungsrechts erlassenen Entscheidungen des Arbeitgebers an.
20. Arbeitnehmer bleiben nach der Zwei-Komponenten-Lehre stets nur ihrer bisherigen betrieblichen Organisation zugehörig. Von einer doppelten Betriebszugehörigkeit ist bei regelkonformer Durchführung der Scrum-Methode mangels gespaltener Arbeitgeberstellung nicht auszugehen. Differenzierende Lösungen entsprechend der Arbeitnehmerüberlassung sind unter dem Gesichtspunkt der allgemeinen Schutzfunktion des Betriebsverfassungsrechts nicht erforderlich.
21. Neben den Betriebsräten, die in einer Vielzahl von Fragen aufgrund der gesetzlichen Zuständigkeitsverteilung vorrangig zu beteiligen sind, kann es zur Zuständigkeit des Gesamtbetriebsrats kommen. Dieser wird in der Praxis ohnehin häufig beteiligt. Meistens wird die Aufstellung sog. Rahmenregelungen favorisiert. Solche sind aufgrund der gesetzlichen Zuständigkeitsverteilung jedoch grundsätzlich nicht möglich.

22. Die in § 28a BetrVG niedergelegte Möglichkeit der Delegation von Aufgaben des Betriebsrats auf Arbeitsgruppen, welche die Entwicklungsteams als „teilautonome Projektgruppen“ darstellen, wirkt auf den ersten Blick vielversprechend als dem Grundsatz der Subsidiarität dadurch weiter Rechnung getragen werden kann. Letztlich führt eine derartige Delegation jedoch nur zu unverhältnismäßigem Organisationsaufwand, ohne dass ein bedeutender Mehrwert zu erkennen wäre. Mitunter kann die Mitbestimmung sogar nicht mehr effektiv ausgeübt werden.
23. Die Entscheidung agile Arbeitsmethoden im Unternehmen einzuführen, ist von der unternehmerischen Freiheit des Arbeitgebers gedeckt, so dass der Betriebsrat die Ein- und Durchführung weder initiieren noch erzwingen kann.
24. Der Betriebsrat ist aber bereits vor der Einführung agiler Arbeitsmethoden, d.h. im Planungszeitraum, umfassend und rechtzeitig zu unterrichten. Ein entsprechender Anspruch kann sich aus §§ 80 Abs. 1 S. 1, 90 BetrVG und je nach der Anzahl der im Unternehmen beschäftigten Arbeitnehmer mitunter auch aus § 106 BetrVG ergeben. Unabhängig von der gesetzlichen Verpflichtung ist eine solche Beteiligung des Betriebsrats ratsam, kann die agile Transformation von Unternehmen anderenfalls deutlich verlangsamt werden.
25. Die Einführung agiler Arbeitsmethoden, die mit dem Abbau von Hierarchieebenen oder der Einführung von Gruppenarbeit, um nur wenige Aspekte zu nennen, einhergeht, kann als Betriebsänderung im Sinne des § 111 S. 3 Nr. 4 bzw. Nr. 5 BetrVG zu qualifizieren sein. Der Arbeitgeber hat sodann einen Interessenausgleich mit dem Betriebsrat nach § 112 BetrVG zu versuchen. Darüber hinaus kommt der Abschluss von Sozialplänen, v.a. in Form von Qualifizierungssozialplänen, in Betracht. Betroffen sein werden vor allem Führungskräfte.
26. Als personelle Einzelmaßnahmen im Sinne des § 99 BetrVG kommen Versetzungen sowie Umgruppierungen in Betracht. Jedenfalls die erstmalige Zuweisung eines Arbeitnehmers in eine agile Organisation bzw. ein agiles Team wird eine Versetzung im Sinne des § 95 Abs. 3 BetrVG darstellen, die das Mitbestimmungsrecht des Betriebsrats nach § 99 BetrVG auslöst. Schon der Wechsel von Einzel- zur Gruppenarbeit wird regelmäßig dazu führen, dass von einer Änderung des Gesamtbildes der Tätigkeit gesprochen werden kann – unabhängig etwa von Veränderungen des Arbeitsplatzes in räumlich-organisatorischer Hinsicht. Der spätere erneute Wechsel zwischen den Scrum-Teams bzw. zwischen der bisherigen und der agilen Organisation kann jeweils auch das Mitbestimmungsrecht nach § 99

BetrVG auslösen, es ist jedoch stets die Frage, ob der Wechsel nunmehr für die Tätigkeit prägend ist. § 95 Abs. 3 S. 2 BetrVG ist zu beachten.

27. Mit Versetzungen sind auch Umgruppierungen verbunden. Bestehende Vergütungsmodelle sind entsprechend anzupassen. Dies geht oft einher mit einer Mitbestimmung nach § 87 Abs. 1 Nr. 10 BetrVG.
28. Auch im Bereich der sozialen Angelegenheiten wird es durch die Ein- und Durchführung agiler Arbeitsmethoden zu Handlungsbedarf kommen. Herauszugreifen sind § 87 Abs. 1 Nr. 2, 3, 6, 7, 10 sowie 13 BetrVG.
29. In den Fokus rückt zunächst § 87 Abs. 1 Nr. 13 BetrVG. Die Tätigkeit in den Entwicklungsteams ist aufgrund des hohen Maßes an Selbstorganisation regelmäßig als Gruppenarbeit im Sinne der Vorschrift zu qualifizieren. Dem in der Gesetzesbegründung angeführten Zusatz, dass Gruppen nicht erfasst werden, die „parallel zur Arbeitsorganisation" bestehen, kann in dieser Allgemeinheit nicht zugestimmt werden. Werden Teile einer Organisation agil umgestaltet, kann die Einbeziehung der dort bestehenden Teams, obgleich diese parallel zur bisherigen oder anderen Teilen der Organisation bestehen, trotzdem im Hinblick auf den Zweck des Mitbestimmungstatbestands, nämlich Selbstausbeutung und Gruppendruck vorzubeugen, geboten sein.
30. Einführung und Beendigung der Gruppenarbeit sind von der unternehmerischen Freiheit des Arbeitgebers gedeckt und unterliegen nicht der Mitbestimmung nach § 87 Abs. 1 Nr. 13 BetrVG. Auch die Zusammensetzung der Gruppe obliegt allein der Entscheidungsfreiheit des Arbeitgebers.
31. Von der Mitbestimmung nach § 87 Abs. 1 Nr. 13 BetrVG sind vielmehr Verfahrensfragen zur Durchführung der Gruppenarbeit erfasst.
32. Letztlich stellt § 87 Abs. 1 Nr. 13 BetrVG aber gegenüber den übrigen Tatbeständen des § 87 Abs. 1 BetrVG nur einen Auffangtatbestand dar. Die Vorschrift wird deshalb auch durch die Ein- und Durchführung agiler Arbeitsmethoden nicht weiter an Bedeutung erlangen.
33. Arbeitszeitfragen können die Mitbestimmungsrechte nach § 87 Abs. 1 Nr. 2 und 3 BetrVG auslösen. Bestehende Arbeitszeitmodelle müssen überprüft werden. Es bietet sich – sofern dies noch nicht der Fall ist – die Einführung von Vertrauensarbeitszeit an. Auch Arbeitszeitkonten in Verbindung mit einem sog. „Ampelsystem" sind denkbar.
34. § 87 Abs. 1 Nr. 6 BetrVG kommt vor allem bei der Einführung von Personalmanagement-Tools in Betracht, die notwendig sind, um einen Überblick über Status und Tätigkeit der ständig in verschiedenen Teams eingesetzten Arbeitnehmer zu behalten.

35. Maßnahmen des Gesundheitsschutzes nach § 87 Abs. 1 Nr. 7 BetrVG sind denkbar, um psychischen Belastungen, die durch das hohe Maß an Selbständigkeit der Arbeitnehmer hervorgerufen werden können, vorzubeugen. Auch die Umgestaltung von Raumkonzepten wird regelmäßig nur unter Hinzuziehung des zuständigen Gremiums wirksam umgesetzt werden können.
36. Schließlich müssen bestehende betriebliche Vergütungsmodelle nach § 87 Abs. 1 Nr. 10 und ggf. auch Nr. 11 BetrVG angepasst werden, als die Besonderheiten agilen Arbeitens, insbesondere neue Tätigkeitsanforderungen sowie der häufigen Wechsel der Positionen, in den bisherigen Vergütungsmodellen oft nicht entsprechend berücksichtigt werden.

Literaturverzeichnis

Ahrendt, Martina / Koch, Ulrich / Linck, Rüdiger / Treber, Jürgen / Vogelsang, Hinrich, Schaub Arbeitsrechts-Handbuch, 18. Auflage, München 2019 (zit. Schaub ArbR-HdB/*Bearbeiter*).

Annuß, Georg, Arbeitsrechtliche Aspekte von Zielvereinbarungen in der Praxis, NZA 2007, S. 90 – 96.

Antoni, Conny (Hrsg.), Gruppenarbeit im Unternehmen, Weinheim 1994 (zit. Antoni/*Bearbeiter,* Gruppenarbeit im Unternehmen).

Arnold, Christian / Günther, Jens (Hrsg.), Arbeitsrecht 4.0 - Praxishandbuch zum Arbeits-, IP- und Datenschutzrecht in einer digitalisierten Arbeitswelt, München 2018 (zit. Arnold/Günther ArbR 4.0-HdB/*Bearbeiter*).

Bachner, Michael, Betriebsverfassungsrechtliche Fragestellungen bei der Einführung agiler Arbeitsmethoden am Beispiel Scrum, in: Gräfl, Edith / Lunk, Stefan / Oetker, Hartmut / Trebinger, Yvonne (Hrsg.), Festschrift 100 Jahre Betriebsverfassungsrecht, München 2020, S. 17 – 39 (zit. *Bachner,* FS-BetrVG).

Bachner, Michael, Die Matrixorganisation in der Betriebsverfassung, NZA 2019, S. 134 – 141.

BakerMcKenzie (Hrsg.), Arbeitswelt 4.0, Berlin 2017 (zit. BakerMcKenzie-Arbeitswelt 4.0/*Bearbeiter*).

Bauer, Jobst-Hubertus / Günther, Jens / Böglmüller, Matthias, Keine entgrenzte Mitbestimmung im Arbeits- und Gesundheitsschutz, NZA 2016, S. 1361 – 1368.

Bayreuther, Frank, Sicherung der Leistungsbedingungen von (Solo-)Selbständigen, Crowdworkern und anderen Plattformbeschäftigten, Frankfurt am Main 2018 (zit. *Bayreuther,* Sicherung der Leistungsbedingungen von (Solo-)Selbständigen, Crowdworkern und anderen Plattformbeschäftigten).

Bayreuther, Frank, Die Verpflichtung des Arbeitgebers zur Erfassung der Arbeitszeit der Beschäftigten, EuZW 2019, S. 446 – 449.

Bayreuther, Frank, Einrichtung eines Systems der Arbeitszeiterfassung, NZA 2020, S. 1 – 9.

Beaucamp, Guy / Beaucamp, Jakob, Methoden und Technik der Rechtsanwendung, 4. Auflage, Heidelberg 2019 (zit. *Beaucamp/Beaucamp,* Methoden und Technik der Rechtsanwendung).

Beedle, Mike / Cunningham, Ward / Fowler, Martin / Highsmith, Jim et al., Manifest für Agile Softwareentwicklung, 2001, abrufbar unter: https://agilemanifesto.

org/iso/de/manifesto.html, zuletzt abgerufen am 30.9.2020 (zit. *Beedle* et al., Agiles Manifest).

Beedle, Mike / Cunningham, Ward / Fowler, Martin / Highsmith, Jim et al., Prinzipien hinter dem Agilen Manifest, 2001, abrufbar unter: https://agilemanifesto.org/iso/de/principles.html, zuletzt abgerufen am 30.9.2020 (zit. *Beedle* et al., Agile Prinzipien).

Benecke, Martina (Hrsg.), Unternehmen 4.0 – Arbeitsrechtlicher Strukturwandel durch Digitalisierung, Baden-Baden 2018 (zit. Benecke/*Bearbeiter*, Unternehmen 4.0).

Berger, Veronika, Organisation der Betriebsverfassung im matrixorganisierten Konzern, Baden-Baden 2017 (zit. *Berger,* Organisation der Betriebsverfassung im matrixorganisierten Konzern).

Birk, Rolf, Die arbeitsrechtliche Leitungsmacht, Köln 1973 (zit. *Birk,* Die arbeitsrechtliche Leitungsmacht).

Blanke, Thomas, Arbeitsgruppen und Gruppenarbeit in der Betriebsverfassung – Direkt demokratische Mitbestimmung als „zweiseitig paktierte Delegation", RdA 2003, S. 140 – 155.

Boemke, Burkhard / Lembke, Mark (Hrsg.), Kommentar Arbeitnehmerüberlassungsgesetz, 3. Auflage, Frankfurt am Main 2013 (zit. Boemke/Lembke/*Bearbeiter*).

Bonanni, Andrea / Otte, Daniel, Unternehmerische Mitbestimmung durch Gemeinschaftsbetrieb?, BB 2016, S. 1653 – 1657.

Bortz, Christoffer, Auslegung und Gestaltung agiler Projektverträge - Vertragsrechtliche Analyse unter Berücksichtigung der verschiedenen Rollen in Scrum-Projekten, MMR 2018, S. 287 – 292.

Bundesministerium für Arbeit und Soziales (BMAS), Weißbuch Arbeiten 4.0, Stand: November 2017 (zit. BMAS, Weißbuch).

Bundesministerium für Arbeit und Soziales (BMAS), Grünbuch Arbeit 4.0, Stand: April 2015 (zit. BMAS, Grünbuch).

Bundesvereinigung der Deutschen Arbeitgeberverbände e. V. (BDA), Chancen der Digitalisierung nutzen – Positionspapier der BDA zur Digitalisierung von Wirtschaft und Arbeitswelt, Stand: Mai 2015, abrufbar unter: https://arbeitgeber.de/www%5Carbeitgeber.nsf/res/BDA_Chancen_Digitalisierung.pdf/$file/BDA_Chancen_Digitalisierung.pdf, zuletzt abgerufen am: 30.9.2020 (zit. BDA, Positionspapier zur Digitalisierung von Wirtschaft und Arbeitswelt).

Compensis, Ulrike, Vertrauensarbeitszeit – arbeitnehmerbestimmte Arbeitszeit (auch) im Arbeitgeberinteresse, NJW 2007, S. 3089 – 3093.

Däubler, Wolfgang / Klebe, Thomas / Wedde, Peter (Hrsg.), Kommentar zum Betriebsverfassungsgesetz, 17. Auflage, Frankfurt am Main 2020 (zit. D/K/W/*Bearbeiter*).

Deinert, Olaf, Neuregelung des Fremdpersonaleinsatzes im Betrieb, RdA 2017, S. 65 – 82.

Dörfler, Frank / Heidemann, Ralf, Direktionsrecht und Organisation in Matrixstrukturen, AiB 2012, S. 196 – 199.

Dornbusch, Gregor / Fischermeier, Ernst / Löwisch, Manfred (Hrsg.), AR – Kommentar zum gesamten Arbeitsrecht, 9. Auflage, Köln 2018 (zit. AR/*Bearbeiter*).

Elert, Nicole, Gruppenarbeit – Individual- und kollektivarbeitsrechtliche Fragen moderner Arbeitsformen, Köln 2001 (zit. *Elert,* Gruppenarbeit).

Engels, Gerd, Der neue § 28a BetrVG – Betriebsverfassungsrechtlicher Sündenfall oder Chance? in: Kohte, Wolfhard / Dörner, Hans-Jürgen / Anzinger, Rudolf (Hrsg.), Arbeitsrecht im sozialen Dialog – Festschrift für Hellmut Wissmann zum 65. Geburtstag, München 2005, S. 303 – 313 (zit. *Engels,* FS Wissmann).

Ernst, Stefan, Agile Softwareprojekte und Vertragsauslegung, CR 2017, S. 285 – 291.

Eufinger, Alexander / Burbach, Nils, New Work – eine arbeitsrechtliche Standortbestimmung, DB 2019, S. 1147 – 1153.

Evermann, Nils, Die „gelegentliche" Arbeitnehmerüberlassung – Zur Anwendung von § 1 III Nr. 2a AÜG, NZA 2018, S. 751 – 755.

Feldes, Werner, Moderne Gruppenarbeit und die Beschäftigung Behinderter, AiB 1999, S. 328 – 333.

Ferme, Marco / Schütt, Manuel / Staneff Eva-Maria, Scrum unter Einbeziehung von Fremdkräften – wie agil kann das noch sein?, SPA 2019, S. 53 – 55.

Fisahn, Andreas / Laskowski, Silke, Betriebsverfassung und Werkverträge – Regelungsspielräume des Gesetzgebers, Stand: Dezember 2014, HSI-Working Paper Nr. 04, abrufbar unter: https://www.hugo-sinzheimer-institut.de/faust-detail.htm?sync_id=7903, zuletzt abgerufen am 30.9.2020 (zit. *Fisahn/Laskowski,* Betriebsverfassung und Werkverträge).

Fitting, Karl / Engels, Gerd / Schmidt, Ingrid / Trebinger, Yvonne / Linsenmaier, Wolfgang (Hrsg.), Betriebsverfassungsgesetz mit Wahlordnung, Handkommentar, 30. Auflage, München 2020 (zit. *Fitting*).

Förster, Kerstin / Wendler, Roy, Theorien und Konzepte zu Agilität in Organisationen, in: Dresdner Beiträge zur Wirtschaftsinformatik Nr. 63/12, Technischen Universität Dresden, Fakultät Wirtschaftswissenschaften, Dresden 2012, abrufbar unter: https://tud.qucosa.de/api/qucosa%3A27335/attachment/ATT-0/, zuletzt abgerufen am 30.9.2020 (zit. *Förster/Wendler,* Theorien und Konzepte zu Agilität in Organisationen).

Frank, Christian, Bewegliche Vertragsgestaltung für agiles Programmieren – Ein Vorschlag zur rechtlichen Abschichtung zwischen Planung und Realisierung, CR 2011, S. 138 – 144.

Franzen, Martin, Folgen von Industrie 4.0 für die Betriebsverfassung – Betriebsbegriff und Vereinbarungen nach § 3 BetrVG, in: Giesen, Richard / Junker, Abbo / Rieble, Volker (Hrsg.), Industrie 4.0 als Herausforderung des Arbeitsrechts, 7. ZAAR-Tagung am 30. Oktober 2015 in Wiesbaden, München 2016, S. 107 – 126 (zit. *Franzen*, Folgen von Industrie 4.0 für die Betriebsverfassung).

Friese, Birgit, Die Bildung von Spartenbetriebsräten nach § 3 Abs. 1 Nr. 2 BetrVG, RdA 2003, S. 92 – 101.

Fuchs, Anke / Meierhöfer, Christine / Morsbach, Jochen / Pahlow, Louis, Agile Programmierung – Neue Herausforderungen für das Softwarevertragsrecht? Unterschiede zu den „klassischen" Softwareentwicklungsprojekten, MMR 2012, S. 427 – 433.

Giesen, Richard / Kersten, Jens, Arbeit 4.0 - Arbeitsbeziehungen und Arbeitsrecht in der digitalen Welt, München 2018 (zit. *Giesen/Kersten*, Arbeit 4.0).

Greiner, Stefan, Werkvertrag und Arbeitnehmerüberlassung – Abgrenzungsfragen und aktuelle Rechtspolitik, NZA 2013, S. 697 – 703.

Gsell, Beate / Krüger, Wolfgang / Lorenz, Stephan / Reymann, Christoph (Hrsg.), Beck-online.GROSSKOMMENTAR 2020 (zit. BeckOGK/*Bearbeiter*).

Günther, Jens / Böglmüller, Matthias, Arbeitsrecht 4.0 – Arbeitsrechtliche Herausforderungen in der vierten industriellen Revolution, NZA 2015, S. 1025 – 1031.

Günther, Jens / Böglmüller, Matthias, Digital Leadership – Mitarbeiterführung in der Arbeitswelt 4.0, NZA 2017, S. 546 – 552.

Günther, Jens / Böglmüller, Matthias, Einführung agiler Arbeitsmethoden – was ist arbeitsrechtlich zu beachten? (Teil 1), NZA 2019, S. 273 – 278.

Günther, Jens / Böglmüller, Matthias, Einführung agiler Arbeitsmethoden – Risiken des Einsatzes von Fremdpersonal sowie betriebliche Mitbestimmung (Teil 2), NZA 2019, S. 417 – 424.

Häusling, André (Hrsg.), Agile Organisationen, Transformationen erfolgreich gestalten – Beispiele agiler Pioniere, Freiburg im Breisgau 2018 (zit. *Häusling*, Agile Organisationen).

Hamann, Wolfgang / Rudnik, Tanja, Mitbestimmung nach § 87 BetrVG bei Onsite-Werkverträgen, NZA 2016, S. 1368 – 1374.

Hamann, Wolfgang, Fremdpersonal im Unternehmen – Industriedienstleistung statt Leiharbeit?, NZA-Beilage 2014, S. 3 – 9.

Heinkel, Ronny, Neustrukturierung von Betriebsratsgremien nach § 3 BetrVG – Analyse und Handlungsempfehlungen, Düsseldorf 2005 (zit. *Heinkel,* Neustrukturierung von Betriebsratsgremien nach § 3 BetrVG).

Heise, Dietmar / Friedl, André, Flexible („agile") Zusammenarbeit zwischen Unternehmen versus illegale Arbeitnehmerüberlassung – das Ende von Scrum?, NZA 2015, S. 129 – 137.

Heise, Dietmar, Agile Arbeit, Scrum und Crowdworking – New Work außerhalb des Arbeitsrechts, NZA-Beilage 2019, S. 100 – 106.

Hengstler, Arndt, Gestaltung der Leistungs- und Vertragsbeziehung bei Scrum-Projekten, ITRB 2012, S. 113 – 116.

Henssler, Martin / Willemsen, Heinz Josef / Kalb, Heinz-Jürgen (Hrsg.), Arbeitsrecht Kommentar, 9. Auflage, Köln 2020 (zit. H/W/K/*Bearbeiter*).

Henssler, Martin, Fremdpersonaleinsatz durch On-Site-Werkverträge und Arbeitnehmerüberlassung – offene Fragen und Anwendungsprobleme des neuen Rechts, RdA 2017, S. 83 – 100.

Hess, Harald / Worzalla, Michael / Glock, Dirk / Nicolai, Andrea / Rose, Franz-Josef / Huke, Kristina, Kommentar zum Betriebsverfassungsgesetz, 10. Auflage, München 2018 (zit. H/W/G/N/R/H/*Bearbeiter*).

Hexel, Dietmar, "Agile Mitbestimmung§ - § 28a BetrVG als Chance für mehr Selbstorganisation und Emanzipation der Arbeitnehmer, AuR 2019, S. 255 – 263.

Hoffmann-Remy, Till, Arbeitsrechtliche Herausforderungen bei der Agilen Transformation von Unternehmen – Hindernisse, Verhandlungsstrategien und Best-Practice-Empfehlungen, DB 2018, S. 2757 – 2761.

Hund, Daniel, § 87 Abs. 1 Nr. 13 BetrVG im System der Mitbestimmung in sozialen Angelegenheiten, Hamburg 2012 (zit. *Hund,* § 87 Abs. 1 Nr. 13 BetrVG).

Joussen, Jacob, Der Verzicht des Betriebsrats auf seine Mitbestimmungsrechte, RdA 2005, S. 31 – 39.

Kiel, Heinrich / Lunk, Stefan / Oetker, Hartmut, Münchener Handbuch zum Arbeitsrecht, Band 3, Kollektives Arbeitsrecht I, 4. Auflage, München 2019 (zit. MHdB-ArbR/*Bearbeiter*).

Koch, Benjamin, Passt der IP-Oldtimer noch in die „Garagen" von heute?, BB 2017, S. 387 – 390.

Koch, Frank A., Agile Softwareentwicklung – Dokumentation, Qualitätssicherung und Kundenmitwirkung, ITRB 2010, S. 114 – 119.

Kohte, Wolfhard, Arbeitsschutz in der digitalen Arbeitswelt, NZA 2015, S. 1417 – 1424.

Kort, Michael, Matrix-Strukturen und Betriebsverfassungsrecht, NZA 2013, S. 1318 – 1326.

Krause, Rüdiger, Digitalisierung der Arbeitswelt – Herausforderungen und Regelungsbedarf – Gutachten zum 71. DJT, in: Ständige Deputation des Deutschen Juristentages (Hrsg.), Verhandlungen des 71. Deutschen Juristentages – Band I – Gutachten, München 2016, B 1 (zit. *Krause*, Gutachten B zum 71. DJT).

Krause, Rüdiger, Herausforderung Digitalisierung der Arbeitswelt und Arbeiten 4.0, NZA-Beilage 2017, S. 53 – 59.

Krebber, Sebastian, Unternehmensübergreifende Arbeitsabläufe im Arbeitsrecht, München 2005 (zit. *Krebber,* Unternehmensübergreifende Arbeitsabläufe).

Kremer, Sascha, Gestaltung von Verträgen für die agile Softwareerstellung, ITRB 2010, S. 283 – 289.

Kühn, Philipp M. / Ehlenz, Nikolaus, Agile Werkverträge mit Scrum, CR 2018, S. 139 – 151.

Kuster, Jörg / Bachmann, Christian / Huber, Eugen / Hubmann, Mike / Lippmann, Robert / Schneider, Emil / Schneider, Patrick / Witschi, Urs / Wüst, Roger, Handbuch Projektmanagement: Agil – Klassisch – Hybrid, 4. Auflage, Berlin 2018 (zit. *Kuster* et al., Handbuch Projektmanagement).

Lapp, Thomas, Interaktion und Kooperation bei IT-Projekten – Regelung der Mitwirkung bei modernen Projektmethoden, ITRB 2010, S. 69 – 71.

Linnenkohl, Karl, Die Virtualisierung der Arbeitsbeziehungen, BB 1998, S. 45 – 50.

Linsenmaier, Wolfgang / Kiel, Heinrich, Der Leiharbeitnehmer in der Betriebsverfassung – „Zwei-Komponenten-Lehre“ und normzweckorientierte Gesetzesauslegung, RdA 2014, S. 135 – 157.

Litke, Hans Dieter / Kunow, Ilonka / Schulz-Wimmer, Heinz, Projektmanagement, 3. Auflage, Freiburg im Breisgau 2015 (zit. *Litke/Kunow/Schulz-Wimmer,* Projektmanagement).

Litschen, Kai / Yacoubi, Ilies, Arbeitnehmerüberlassung und agile Prozess- und Organisationsmethoden, NZA 2017, S. 484 – 489.

Löwisch, Manfred, Änderung der Betriebsverfassung durch das Betriebsverfassungs-Reformgesetz – Teil II: Die neuen Regelungen zur Mitwirkung und Mitbestimmung, BB 2001, S. 1790 – 1798.

Löwisch, Manfred / Kaiser, Dagmar, Kommentar zum Betriebsverfassungsgesetz, 6. Auflage, Frankfurt am Main 2010 (zit. *Löwisch/Kaiser*).

Lutz, Holger / Bach, Simone, Agile Softwareentwicklung – Werkvertrag oder doch Dienstvertrag?, BB 2017, S. 3016 – 3020.

Maiß, Sebastian / Zander, Guido, Die Steuerung von Arbeitszeitkonten durch ein Ampelsystem, ArbAktuell 2020, S. 51 – 53.

Maschmann, Frank, Fremdpersonaleinsatz im Unternehmen und die Flucht in den Werkvertrag, NZA 2013, S. 1305 – 1312.

Maschmann, Frank, Das Weisungsrecht im Matrix-Konzern, NZA 2017, S. 1557 - 1562.

Müller-Glöge, Rudi / Preis, Ulrich / Schmidt, Ingrid (Hrsg.), Erfurter Kommentar zum Arbeitsrecht, 20. Auflage, München 2020 (zit. ErfK/*Bearbeiter*).

Natzel, Ivo, Subsidiaritätsprinzip im kollektiven Arbeitsrecht, ZfA 2003, S. 103 - 142.

Nill, Volker, Selbstbestimmung in der Arbeitsgruppe? – Die Regelungen zur Gruppenarbeit im Betriebsverfassungs-Reformgesetz, Baden-Baden 2004 (zit. *Nill,* Selbstbestimmung in der Arbeitsgruppe?).

Ossenbühl, Fritz, Die Freiheiten des Unternehmers nach dem Grundgesetz, AöR 1990, S. 1 – 32.

Paul, Markus, Gruppenarbeit, Berlin 2001 (zit. *Paul,* Gruppenarbeit).

Pollert, Dirk, Arbeitnehmer-Smartphone als Betriebsmittel – ein kostensparendes Modell?, NZA-Beilage 2014, S. 152 – 154.

Preis, Ulrich / Elert, Nicole, Erweiterung der Mitbestimmung bei Gruppenarbeit?, NZA 2001, S. 371 – 375.

Preis, Ulrich, Legitimation und Grenzen des Betriebsbegriffes im Arbeitsrecht, RdA 2000, S. 257 – 279.

Preis, Ulrich, Der Arbeitsvertrag: Handbuch der Vertragsgestaltung, 6. Auflage, Köln 2020 (zit. *Preis,* Der Arbeitsvertrag).

Preußig, Jörg, Agiles Projektmanagement: Scrum, Use Cases, Task Boards & Co., 2. Auflage, Freiburg im Breisgau 2018 (zit. *Preußig,* Agiles Projektmanagement).

Redmann, Britta, Agiles Arbeiten im Unternehmen – Rechtliche Rahmenbedingungen und gesetzliche Anforderungen, Freiburg im Breisgau 2017 (zit. *Redmann,* Agiles Arbeiten im Unternehmen).

Reinhard, Barbara, Mitbestimmungsrechtliche Herausforderungen einer agilen Transformation, in: Gräfl, Edith / Lunk, Stefan / Oetker, Hartmut / Trebinger, Yvonne (Hrsg.), Festschrift 100 Jahre Betriebsverfassungsrecht, München 2020, S. 613 – 622 (zit. *Reinhard,* FS-BetrVG).

Richardi, Reinhard (Hrsg.), Betriebsverfassungsgesetz mit Wahlordnung, Kommentar, 16. Auflage, München 2018 (zit. Richardi/*Bearbeiter*).

Richardi, Reinhard, Vertrags- oder Eingliederungstheorie als ergänzende Gesichtspunkte für die Begründung arbeitsrechtlicher Beziehungen in der Betriebsverfassung, in: Henssler, Martin / Joussen, Jacob / Maties,

Martin / Preis, Ulrich (Hrsg.), Moderne Arbeitswelt, Festschrift für Rolf Wank, München 2014, S. 465 – 473 (zit. *Richardi,* FS Wank).

Rieble, Volker, Delegation an den Gesamt- oder Konzernbetriebsrat, RdA 2005, S. 26 – 31.

Röller, Jürgen (Hrsg.), Küttner Personalbuch 2020, 27. Auflage, München 2020 (zit. Küttner Personalbuch/*Bearbeiter*).

Rolfs, Christian / Giesen, Richard / Kreikebohm, Ralf / Udsching, Peter (Hrsg.), Beck'scher Online-Kommentar Arbeitsrecht (zit. BeckOK-ArbR/*Bearbeiter*).

Säcker, Franz Jürgen / Joost, Detlev, Betriebszugehörigkeit als Rechtsproblem im Betriebsverfassungs- und Mitbestimmungsrecht, Königstein/Ts. 1980 (zit. *Säcker/Joost,* Betriebszugehörigkeit).

Säcker, Franz Jürgen / Rixecker, Roland / Oetker, Hartmut / Limperg, Bettina (Hrsg.), Münchener Kommentar zum Bürgerlichen Gesetzbuch, (zit. MüKo-BGB/*Bearbeiter*):

- Band 1: 8. Auflage, München 2018
- Band 3: 8. Auflage, München 2019
- Band 5: 8. Auflage, München 2020
- Band 6: 8. Auflage, München 2020.

Schenck, Sophie von, Gestaltung agiler Softwareverträge – Kommentierter Vertragsentwurf nach Scrum, MMR 2019, S. 139 – 142.

Schiefer, Bernd / Korte, Walter, Der Referentenentwurf eines Gesetzes zur Reform des Betriebsverfassungsgesetzes, NZA 2001, S. 71 – 89.

Schneider, Jochen / Westphalen, Friedrich von (Hrsg.), Software-Erstellungsverträge, 2. Auflage, Köln 2014 (zit. Schneider/v. Westphalen/*Bearbeiter,* Software-Erstellungsverträge).

Schöllmann, Ingo, Mobile Working, Telearbeit, Desksharing, NZA-Beilage 2019, S. 81 – 86.

Schreiner, Paul, Wir arbeiten jetzt agil – hurra?, AuA 2019, S. 264 – 268.

Schubert, Claudia, Betriebliche Mitbestimmung in Unternehmen und Konzernen mit Matrixorganisation, Frankfurt am Main 2017 (zit. *Schubert,* Betriebliche Mitbestimmung in Unternehmen und Konzernen mit Matrixorganisation).

Schüren, Peter (Hrsg.), Arbeitnehmerüberlassungsgesetz, Kommentar, 5. Auflage, München 2018 (zit. S/H/*Bearbeiter*).

Schulze, Marc-Oliver / Volk, Tatjana, Agile Arbeitsmethoden und Mitbestimmung – Teil 1, ArbRAktuell 2019, S. 404 – 407.

Schulze, Marc-Oliver / Volk, Tatjana, Agile Arbeitsmethoden und Mitbestimmung – Teil 2, ArbRAktuell 2019, S. 553 – 556.

Sittard, Ulrich / Müller, Alexander, Einführung agiler Arbeitsmethoden und betriebliche Mitbestimmung – Mitbestimmungsrechte in der neuen Arbeitswelt, ArbRB 2018, S. 381 – 384.

Spengler, Bernd / Ettlinger, Markus, Neues Gestalten – Agiles Arbeiten, AiB 2019, S. 10 – 14.

Steinau-Steinrück, Robert von / Mühlenhoff, Lucas, Aktuelles zur Scheinselbstständigkeit, NJW-Spezial 2018, S. 114 – 115.

Stück, Volker, New Work – new rules? Ausgewählte arbeitsrechtliche Aspekte der Planung und Umsetzung moderner Bürokonzepte, ArbRAktuell 2018, S. 409 – 412.

Sutherland, Jeff / Schwaber, Ken, Der Scrum Guide™ – Der gültige Leitfaden für Scrum: Die Spielregeln, Stand: November 2017, abrufbar unter: https://www.scrumguides.org/docs/scrumguide/v2017/2017-Scrum-Guide-German.pdf; zuletzt abgerufen am 30.9.2020 (zit. *Sutherland/Schwaber,* Scrum Guide).

Teusch, Jan L., Organisationstarifverträge nach § 3 BetrVG, NZA 2007, S. 124 – 130.

Thouvenin, Florent, Der Kooperationsvertrag: Kooperationen im Grenzbereich von Vertrags- und Gesellschaftsrecht, Bern 2017 (zit. *Thouvenin,* Der Kooperationsvertrag).

Thüsing, Gregor (Hrsg.), Arbeitnehmerüberlassungsgesetz, Kommentar, 4. Auflage, München 2018 (zit. Thüsing/*Bearbeiter*).

Ulber, Jürgen (Hrsg.), Arbeitnehmerüberlassungsgesetz – Kommentar für die Praxis, 5. Auflage, Frankfurt am Main 2017 (zit. Ulber/*Bearbeiter).*

Ver.di – Vereinte Dienstleistungsgewerkschaft Bereich Innovation und Gute Arbeit und Tarifpolitische Grundsatzabteilung (Hrsg.), Agiles Arbeiten Empfehlungen für die tarif- und betriebspolitische Gestaltung, Berlin 2020 (zit. Ver.di, Praxis gestalten – Agiles Arbeiten).

Wallisch, Jochen, Führung in einem Weltkonzern – Arbeitsrechtliche Herausforderungen in Zeiten der digitalen Transformation aus der Praxisperspektive, NZA-Beilage 2018, S. 81 – 87.

Welkenbach, Christian, Scrum auf dem Prüfstand der Rechtsprechung – Lehren für die Vertragsgestaltung, CR 2017, S. 639 – 646.

Wendeling-Schröder, Ulrike, Betriebsverfassung nach Maß?, NZA 1999, S. 1065 – 1071.

Wiese, Günther / Kreutz, Peter / Oetker, Hartmut / Weber, Christoph / Franzen, Martin / Gutzeit, Martin / Jacobs, Matthias, Gemeinschaftskommentar zum Betriebsverfassungsgesetz, Band 1 und 2, 11. Auflage, München 2018 (zit. GK-BetrVG/*Bearbeiter*).

Wiese, Günther, Die Mitbestimmung des Betriebsrats über Grundsätze zur Durchführung von Gruppenarbeit nach § 87 Abs. 1 Nr. 13 BetrVG, BB 2002, S. 198 – 203.

Windbichler, Christine, Arbeitsrecht im Konzern, München 1989 (zit. *Windbichler,* Arbeitsrecht im Konzern).

Winstel, Viktoria / Karsten, Timo, Arbeitnehmerüberlassung vermeiden?, AuA 2017, S. 400 – 403.

Witschen, Stefan, Matrixorganisationen und Betriebsverfassung, RdA 2016, S. 38 – 49.

Witte, Andreas, Agiles Programmieren und § 651 BGB, ITRB 2010, S. 44 – 47.

Wlotzke, Otfried / Preis, Ulrich / Kreft, Burghard, Kommentar zum Betriebsverfassungsgesetz, 4. Auflage, München 2009 (Wlotzke/Preis/Kreft/*Bearbeiter*).

Wlotzke, Otfried, Das Mitbestimmungsrecht nach § 87 Abs. 1 Nr. 7 Betriebsverfassungsgesetz und das erneuerte Arbeitsschutzrecht, in Kohte, Wolfhard / Dörner, Hans-Jürgen / Anzinger, Rudolf (Hrsg.), Arbeitsrecht im sozialen Dialog – Festschrift für Hellmut Wissmann zum 65. Geburtstag, München 2015, S. 303 – 313 (zit. *Wlotzke,* FS Wissmann).

Kolibri 360 GmbH
Ferdinand-Jühlke-Straße 7
99095 Erfurt, Deutschland
produktsicherheit@kolibri360.de